Richard Simonetti

SUICIDE

Ce que vous avez besoin de savoir

2ème Edition – 2010

SUICIDE
Ce que vous avez besoin de savoir

Titre original :
SUICIDIO – TUDO O QUE VOCÊ PRECISA SABER

Copyright 2006 by
Centro Espirita Amor e Caridade
Bauru SP – Brasil

Pour la traduction française :
CESAK – Paris, 2008

Traduit du portugais par : Claudia BONMARTIN

Révision : Ghislaine MASSIN

Mise en page : Ghislaine MASSIN

Couverture : CESAK – Paris

ISBN : 978-2-9509040-3-4

Toute reproduction d'un extrait quelconque de ce livre par quelque procédé que ce soit, et notamment par photocopie ou microfilm, est interdite sans autorisation écrite de l'auteur ou de ses ayants droits ou de l'éditeur.

« La religion, la morale, toutes les philosophies condamnent le suicide comme contraire à la loi de nature. Toutes nous disent, qu'en principe, on n'a pas le droit d'abréger volontairement sa vie. Mais pourquoi n'a-t-on pas ce droit ? Pourquoi n'est-on pas libre de mettre un terme à ses souffrances ? Il était réservé au spiritisme de démontrer, par l'exemple de ceux qui ont succombé, que ce n'est pas seulement une faute comme une infraction à une loi morale, considération de peu de poids pour certains individus, mais que c'est un acte stupide, puisqu'on n'y gagne rien, loin de là ; ce n'est pas la théorie qu'il nous enseigne, ce sont les faits qu'il met sous nos yeux. »

Allan Kardec, « Livre des Esprits » Livre IV chapitre premier

EN GUISE D'INTRODUCTION

Chers lecteurs,

Le CESAK-Paris vous présente la deuxième édition de ce livre, spécialement réalisée pour le 11e Salon PARAPSY et pour le Salon International du Livre de la Porte de Versailles, les deux ayant lieu à Paris au cours de cette année de 2010.

Notre première édition s'est écoulée plus rapidement que l'on ne le pensait, et cela, malheureusement dû à la triste actualité du thème.

Le suicide continue, pour de nombreuses personnes, à être la solution privilégiée pour la résolution de leurs problèmes et de leur mal de vivre.

Vidé de tout sens offrant un objectif à son existence, sans comprendre que la vie, faite de défis, mène à travers des vies successives à l'avancement progressif de son Esprit immortel, l'individu se désespère et commet l'irréparable.

Richard Simonetti, spirite convaincu des enseignements codifiés par Allan Kardec, a voulu apporter au public les éclaircissements nécessaires sur ce sujet. Dans un langage simple, facile d'accès, son livre devient l'antidote par excellence des idées et des philosophies malsaines. Je me réfère notamment à celles qui poussent celui qui se trouve dans le trouble et dans la souffrance, qu'il s'imagine insurmontables, à cet acte de fausse libération qu'est le suicide.

Lisez-le donc chers lecteurs, avec sérieux et beaucoup de réflexion. Peut-être, et je le souhaite du fond du cœur, que des idées suicidaires ne vous ont jamais assailli. Néanmoins, votre connaissance sur le sujet deviendra d'une extrême utilité pour ceux, qui à côté de vous, envisagent de précipiter la fin de leurs jours sur Terre.

Que Dieu, notre Père à tous, nous bénisse.

Claudia Bonmartin
Paris, le 06 janvier 2010.

SOMMAIRE

Il ne s'agit pas d'une erreur de parcours 1

LES EFFETS

Les conséquences immédiates 5
Les difficultés pour le détachement 9
Confinement 13
Succession d'expériences 17
Les conséquences pour l'avenir 21
Brève existence 25
Tentative ratée 29
Problèmes dans la famille 33

LES CAUSES

Fuite 37
Une idée « entretenue » 41
Par amour 45
Pacte d'amour 51
Obsession 55
Les bombes humaines 59
Tendance acquise 63
Autopunition 67
Inconscience 71

Imprudence	75
L'ennui	79
Les Jeunes	83
La génétique	87
Euthanasie	91
Fuite ou défense	95

L'AIDE

En leur faveur	99
Les réunions médiumniques	103
Les anges gardiens	107

LA PREVENTION

Les certitudes	111
Expérience de mort imminente	117
Thérapie des vies passées	121
Le vaccin	125
Incitation littéraire	129
Coût / Bénéfice	133
La pratique du bien	137
Le fardeau léger	141
La famille spirituelle	147
La statistique	151
Des doutes	155

IL NE S'AGIT PAS D'UNE ERREUR DE PARCOURS

Chers lecteurs, savez-vous ce que les personnes citées ci-dessous ont en commun ?

- John Barrymore (1882-1942), acteur nord-américain.
- Charles Boyer (1897-1978), acteur français.
- Camilo Castelo Branco (1825-189), écrivain portugais.
- Kurt Cobain (1967-1994), musicien nord-américain.
- Demogenes (384-322 avant JC.), orateur et politicien grec.
- Rainer Werner Fassbinder (1946-1982), cinéaste allemand.
- Hermes Fontes (1888-1930), écrivain brésilien.
- Judy Garland (1922-1969), actrice nord-américaine.
- Romain Gary (1914-1980), écrivain et diplomate français.
- Hermann Goering (1893-1946), maréchal allemand.
- Vincent Van Gogh (1853-1890), peintre hollandais.

1 - Richard Simonetti

- Ernest Hemingway (1898-1961), écrivain nord-américain.
- Adolf Hitler (1889-1945), politicien allemand.
- Alan Ladd (1913-1964), acteur nord américain
- Jack London (1876-1916), écrivain nord-américain.
- Marilyn Monroe (1926-1962), actrice nord-américaine.
- Néron (37-68) empereur romain.
- Antero de Quental (1842-1891), poète portugais.
- Albert Santos Dumont (1873-1932), le père de l'aviation, franco brésilien.
- Saul (1115-1055 avant J.C.), roi hébreu.
- Sénèque (4-65), philosophe romain.
- Getulio Vargas (1883-1954), politicien brésilien.
- Virginia Woolf (1882-1941), écrivain anglaise.
- Stefan Zweig (1881-1942), écrivain judéo autrichien.
- Pedro Nava (1903-1984), médecin et écrivain brésilien

Si vous avez pensé au suicide, vous ne vous êtes pas trompés. Tous se sont tués !

A un moment donné de leur existence, ils ont décidé, pour divers motifs, que continuer à vivre n'était plus intéressant. Inimaginable, est le nombre d'illustres personnages ayant franchi cette porte de l'illusion qui les précipite dans des souffrances mille fois plus aiguës.

***

Si notre existence se limitait du berceau à la tombe, sans aucun doute, le suicide pourrait être la solution aux problèmes et aux souffrances de la Terre. Mais nous sommes des êtres immortels. Nous avons déjà vécu avant le berceau et nous allons continuer à vivre après la tombe et à répondre de ce que nous avons fait de notre vie et de notre corps. Il manque à tous ceux qui ont choisi la voie du suicide, un minimum de connaissances sur ce sujet.
Et c'est exactement ce que le Spiritisme nous propose quand il établit le contact entre la Terre et l'au-delà, nous invitant à réfléchir sur les expériences malheureuses des suicidés qui invariablement affirment dans leurs confidences :
- Ah ! si j'avais su !
Ils auraient certainement pris un autre chemin leur évitant l'abîme.

***

Amis lecteurs, ce livre a été écrit dans le but de vous présenter une réflexion sur ce thème. J'ai utilisé des questions et des réponses pour traiter toutes les facettes du suicide à la lumière de la Doctrine Spirite.

3 - Richard Simonetti

Je suis certain que si vous le lisez attentivement, vous finirez par vous convaincre qu'il est préférable d'accepter les défis de la vie sur Terre plutôt que de vous précipiter dans des tourments comme dépeint par les religions traditionnelles, depuis des millénaires. Aujourd'hui nous bénéficions d'une vision plus claire car plus proche, plus étendue et plus effrayante de ce qui se passe lorsque l'homme commet un suicide et cela grâce à cette « paire de jumelles » de l'au-delà, qu'est le Spiritisme.

Je suis sûr que vous aurez toujours ce livre à portée de main pour l'offrir à des amis, à votre famille, à des voisins et à des collègues et des personnes de votre connaissance, dans le but de leur faire comprendre que le suicide, selon l'expression populaire, « n'est pas une fatalité ».

Chers lecteurs, que Dieu vous bénisse et rende plus fortes vos convictions sur l'immortalité de l'âme comme l'affirme la Doctrine Spirite. Et que jamais, ne prenne corps dans votre esprit, quelle que soit la situation, la dangereuse idée qu'il serait mieux de mourir.

Bauru, SP, juillet 2006
Site : www.richardsimonetti.com.br

Les Effets

LES CONSEQUENCES IMMEDIATES

1) Quelle est la première conséquence du suicide ?

Le terrible constat : le suicidé n'a pas atteint son objectif. Il n'est pas mort ! Il n'a pas été « supprimé » de la Vie. Il continue d'exister, de sentir et de souffrir dans une autre dimension, subissant des tourments mille fois plus aigus. Il s'agit d'une situation traumatisante et épouvantable.

2) Ces souffrances sont-elles de caractère moral ?

Oui, en partie. Il y a un autre aspect à prendre en considération : les dégâts causés au périsprit, ce corps spirituel que l'apôtre Paul appelait le « corps céleste ». Il s'agit d'un corps constitué d'une matière éthérée, évoluant dans un autre plan vibratoire, comme le dit Allan Kardec. C'est le véhicule de la manifestation de l'Esprit dans ces régions plus éthérées et son intermédiaire avec le corps physique, pendant l'incarnation.

3) Quand un médium clairvoyant dit qu'il voit un Esprit, est-ce son corps spirituel qu'il identifie ?

Exactement ! L'Esprit n'a pas une morphologie définie comme avec la matière. C'est une lumière qui rayonne. Donc, le médium clairvoyant voit l'Esprit enveloppé de son corps spirituel (périsprit) de la même façon que nous identifions un être humain par son apparence physique.

4) Que se passe-t-il avec le périsprit d'un suicidé ?

Comme il s'agit d'un corps subtil qui interagit sur nos propres actes et nos propres pensées, il est affecté de façon traumatisante. Si quelqu'un tire sur moi et que je meurs, je pourrais ressentir un choc certain au niveau de mon périsprit, mais sans aucune conséquence sérieuse pour lui. Mais, si je suis l'auteur du tir visant à m'enlever la vie, mon périsprit sera affecté. Je reviendrai dans le Monde des Esprits avec une blessure dans la région correspondante à celle qui a été atteinte dans mon corps physique. Il est très fréquent pour un médium clairvoyant, de percevoir des esprits qui se sont suicidés car ils portent de graves lésions dans leur corps spirituel. Celles-ci sont la conséquence du choix qu'ils ont fait pour provoquer leur décès.

5) Est-ce que toutes les formes de suicide affectent le périsprit ?

Oui, avec des tourments qui durent. Selon les récits, c'est comme si ce moment terrible de la mort était enregistré par une caméra et que cette scène tragique se reproduisait sans cesse.

6) Prenons l'exemple d'une personne qui s'est tirée une balle dans la tête...

Elle ressentira, pendant un temps indéterminé, le son et l'impact du tir lui lacérer le cerveau. Selon le témoignage des suicidés, il s'agit d'un tourment indescriptible. Cela leur rappelle la théorie théologienne des flammes de l'enfer, qui les brûlent sans les consumer.

7) Que se passe-t-il lorsqu'une personne se fait carboniser, provoquant la désintégration de son corps ?

Elle ressent la souffrance de quelqu'un qui subit des brûlures de partout. Elle souffre d'immenses douleurs et d'une insupportable angoisse. Cette situation provoquant un profond désespoir est infiniment plus douloureuse que celle qu'elle avait avant de quitter la vie et de prendre la fuite.

8) Pouvons-nous considérer ces déséquilibres du périsprit comme des châtiments divins ?

Imaginons un fils, qui malgré l'avertissement de son père, se blesse en ne prenant pas les précautions d'usage avec un couteau pointu. Les douleurs et les désagréments qu'il ressentira ne seront pas ceux d'un châtiment paternel mais tout simplement le résultat de son imprudence. C'est ce qui se passe avec les suicidés. Leurs tourments sont en rapport avec le mal qu'ils se sont faits. Il ne s'agit pas de châtiments célestes mais des conséquences de leurs actes insensés.

Les Effets

LES DIFFICULTES POUR LE DETACHEMENT

1) Les suicidés éprouvent-ils tous les mêmes expériences douloureuses ?

Oui, malgré quelques différences relatives au style de mort qu'ils se sont donné et à leur stade d'évolution. Plus un homme est évolué sur un plan culturel, plus il a de discernement, et plus son corps spirituel devient subtil. Par conséquent, plus pesant sera son rééquilibrage face au mal pratiqué envers son prochain et envers lui-même, à cause de ses excès, ses vices, ses déséquilibres et du suicide par lui-même.

2) Après avoir fait le terrible constat qu'il n'a pas atteint son objectif, c'est à dire, qu'il n'est pas « mort » et qu'il a constaté les perturbations causées à son périsprit, y a-t-il quelque chose de plus qui afflige le suicidé, tout de suite après son acte funeste ?

Les suicidés sont confrontés à de grandes difficultés pour se détacher de leur corps physique. Ils subissent, selon ce qu'ils nous racontent, des tourments indescriptibles que le plus morbide des auteurs d'histoires d'épouvante ne serait pas capable de concevoir ; la plus ignoble sensation étant d'être dévoré par des vers.

3) Peuvent-ils être dévorés par des vers ?

Bien sûr que non ! Cependant, comme l'Esprit reste attaché à son cadavre par des liens fluidiques qui forment le "cordon argenté" dont nous parlent nos guides spirituels, l'attaque des vers va se répercuter sur l'Esprit, lui donnant l'impression que quelqu'un est en train de le dévorer vivant.

4) Par compassion, les guides spirituels, ont-ils le pouvoir de détacher rapidement l'Esprit de son corps ?

S'ils ne le font pas, c'est avant tout par miséricorde. Un détachement trop rapide empêcherait l'esprit de surmonter les épreuves dues à ces expériences physiques et à ce type de mort. En effet, cela rendrait pire sa condition dans le Monde Spirituel. Le laisser rattaché à son corps physique est un moindre mal.

5) Ce problème n'atteint-il que les suicidés ?

Il atteint tous ceux qui ont été esclaves de passions, de vices et d'intérêts liés à la vie physique, sans aucun caractère élevé. Il atteint aussi tous ceux qui n'ont jamais cultivé aucune spiritualité, ni aucun détachement des choses matérielles, ni réalisé un seul effort de fraternité. Plus l'Esprit est compromis dans des intérêts matériels, plus difficile sera son retour vers la Patrie Spirituelle.

6) Cette situation peut-elle se prolonger indéfiniment ?

Normalement, avec la décomposition du corps, ces attaches avec le périsprit se libèrent petit à petit. En quelques jours, l'Esprit est libre. Et il reste rarement au cimetière, lié à son cadavre lorsqu'il s'en est détaché.

7) L'Esprit a-t-il conscience de cette situation ?

Il a conscience de sa souffrance mais ne comprend pas bien ce qui lui arrive. Il s'imagine dans un lit d'hôpital abandonné par sa famille et par ses amis. La solitude est l'un de ses plus grands tourments.

8) Cette période passée à côté de sa dépouille laisse-t-elle des séquelles ?

Il reste la terrible sensation d'être enterré vivant qui pourra même se répercuter dans les futures existences. Beaucoup de gens ont peur de se réveiller dans leur tombe. Ils pensent souvent à la crémation pour éviter cette possibilité probablement parce qu'ils ont vécu une expérience de cette nature dans l'une de leurs précédentes vies. De là vient la peur.

Les Effets

CONFINEMENT

1) Les suicidés restent-ils ensemble ?

Selon les informations sur la Spiritualité, les suicidés ont tendance à se regrouper dans des régions de souffrance. Parfois ils vivent des tourments indescriptibles en accord avec leurs faiblesses morales. Dans la « Divine Comédie », Dante (1265-1321) dépeint cette situation. Malgré l'apparente fiction de son discours, on conçoit aujourd'hui que ce grand poète florentin a été amené, en Esprit, à visiter des régions de souffrance du Monde Spirituel, enregistrant une vision fragmentaire de la Vérité, dévoilée par la Doctrine Spirite.

2) Y a-t-il un temps déterminé pour rester dans ce lieu, telle une sentence pour un condamné ?

Les régions de grandes souffrances du Monde Spirituel ne sont pas des pénitenciers où nous devons purger une peine particulière. Le suicidé y reste le temps nécessaire afin de surmonter les plus graves désordres des conséquences de la violence qu'il a pratiquée contre lui-même.

3) Alors le temps de résidence dans ces régions n'est pas le même pour tous ?

Non parce qu'il y a de multiples facteurs qu'il faut prendre en considération : le type de suicide, les motivations, les influences spirituelles, le degré de connaissance et d'évolution spirituelle, en partant du principe que plus l'esprit est éclairé, plus ses peines sont intenses et plus longue est sa guérison.

4) Cela nous rappelle les paroles de Jésus (Luc, 12:48) : "Il sera beaucoup demandé à celui qui a beaucoup reçu".

Oui, nous pouvons appliquer ces paroles au suicidé. Si l'individu a la notion de ce que représente le suicide et s'il en connaît les conséquences, plus grand est son déséquilibre après son geste et aussi plus longue est la durée de son confinement.

5) Il y a ceux qui disent que le suicidé reste dans ces régions, toute la durée du temps qui lui restait à vivre quand il a commis son suicide.

C'est un peu compliqué d'admettre que cela se passe de cette façon, car il n'y a pas de durée précise comme sur Terre. Biologiquement, l'être humain est programmé pour vivre cent ans. Cela ne signifie pas que lorsque quelqu'un meurt dans un accident à l'âge de quarante ans, il devra souffrir encore soixante ans dans le Monde Spirituel jusqu'à ce qu'il soit délivré de la charge des fluides vitaux qui lui ont été « injectés » à sa naissance.
Le fluide vital est un produit généré pour le fonctionnement du corps. Cela n'est pas un combustible prévu pour un "kilométrage", ou à un temps de vie déterminé.

6) Quel est le facteur qui pèse le plus lourd ?

L'attitude du suicidé. S'il se trouve sous l'emprise du désespoir, de la révolte et de l'orgueil, sa situation dans ces régions sera prolongée jusqu'à ce qu'il reconnaisse toute l'étendue de sa misère morale et qu'il se dispose à chercher, sincèrement, le soutien divin. On verra dans sa nouvelle attitude, une similitude avec la parabole du fils prodigue.

7) Et comment peut-on faire cette évaluation ?

Les esprits malheureux de ces régions, ne sont pas laissés à leur propre sort dans le Monde des Esprits.

Des entités spirituelles les observent, comme le feraient des médecins qui accompagnent leurs patients dans un hôpital psychiatrique. Quand elles perçoivent l'apparition de conditions favorables pour leurs protégés, c'est-à-dire, quand ceux-ci arrivent à surmonter leurs déséquilibres les plus prononcés et qu'ils se montrent plus calmes, alors, immédiatement, elles les enlèvent de ces endroits.

8) Gardent-ils leur condition de malades ?

Sans aucun doute car il s'agit de grands malades. Ils éprouvent le besoin d'avoir de longs traitements pouvant se prolonger durant des années, dans des hôpitaux spécialisés de l'Au-delà. Des médecins bienveillants s'occupent de leurs séquelles et des pathologies provenant de leur style de mort.

Les Effets

SUCCESSION D'EXPERIENCES

1) Après le séjour dans ces régions de souffrance, que se passe-t-il pour ceux qui se sont suicidé?

Cela va dépendre de leurs besoins et de leur façon de réagir face aux conséquences de leur geste. Après avoir surmonté ce traumatisme douloureux, résultat de l'agression qu'ils ont commis contre eux-mêmes, ils peuvent demeurer dans l'Au-delà selon un temps variable, court ou long mais, fatalement, ils devront tous se réincarner sur Terre en vue d'un rééquilibrage procuré par les expériences terrestres.

2) Reçoivent-ils tous le même traitement ?

Il ne pourrait en être autrement. Tous reçoivent la même attention mais le destin de chacun est en relation directe avec ses nécessités. Il y aura ceux qui se réincarneront très rapidement afin d'atténuer les graves déséquilibres qu'ils portent. D'autres resteront, par choix personnel, plus de temps dans le Monde Spirituel, ou parce qu'ils ne réunissent pas les conditions minimales pour reprendre un corps physique.

3) Le suicidé se libère-t-il de ses déséquilibres durant une existence unique?

En partie seulement, il est comme un grand malade qui reçoit un médicament puissant capable de lui apporter une amélioration, mais cela ne le libère pas entièrement car un traitement prolongé est nécessaire pour la guérison totale.

4) Y a-t-il un nombre précis d'incarnations pour que le suicidé retrouve son intégrité morale ?

Non, parce que tout va dépendre de ses réactions, de comment il va réagir devant la souffrance et les difficultés auxquelles il sera confronté. S'il cultive la foi et le respect des lois divines, il remplira les conditions pour récupérer rapidement son équilibre spirituel. S'il est en contact avec le Spiritisme, il aura les meilleures ressources pour être éclairé sur son comportement. La Doctrine lui sera un bien venant de Dieu, pour lui dire et lui démontrer qu'il n'est pas livré à son propre sort et qu'il y a des raisons qui justifient ses souffrances et ses problèmes.

5) Et en ce qui concerne le temps ?

Le médium brésilien, Francisco Cândido Xavier, disait que le suicidé a besoin de deux cents ans pour se rééquilibrer et que cela implique une ou plusieurs incarnations sur Terre. Il faut prendre en considération la volonté de l'intéressé. Les souffrances, au fur et à mesure des vies, sont dégressives dès que grandit en lui sa disposition à les supporter, avec sérénité et confiance en Dieu et sans retomber dans des tendances nocives de son passé.

6) En vue d'une nouvelle incarnation, le suicidé choisit-il l'épreuve compatible à ses besoins de réparation ?

Aucun médecin ne demande à son patient atteint de graves problèmes mentaux quel traitement lui convient le mieux. Il sait pertinemment que celui-ci n'est pas en mesure d'exprimer son opinion. C'est la même chose pour la programmation de la réincarnation d'un suicidé ; ce sont les guides spirituels qui choisissent son épreuve, pour son propre bénéfice.

7) Le suicidé, peut-il se réincarner dans une même famille ? Par exemple : les enfants d'une existence, peuvent-ils avoir pour enfants leurs anciens parents (d'une vie antérieure) ?

S'il a encore du temps... De toute façon, à partir du moment, où il y a une liaison familiale authentique et non simplement consanguine, soutenue par des liens spirituels, ces Esprits sont toujours ensemble tantôt dans le Monde Spirituel tantôt dans les futures incarnations. Des affections très chères au cœur du suicidé sont toujours prêtes à l'aider sur Terre et dans l'Au-delà. Aujourd'hui et pour toujours, l'amour est le grand baume des douleurs, le grand médicament à tous les maux, la rédemption de toutes les fautes commises.

8) Dans un processus de réincarnation immédiate, cas d'urgence visant à atténuer les déséquilibres d'un suicidé, que se passe-t-il s'il n'a pas la possibilité de retourner dans sa famille ?

Les guides spirituels se chargent de le placer au sein d'une famille disposée à le recevoir charitablement. Le vrai amour dépasse les frontières des familles spirituelles et nous conduit à la glorieuse intégration dans la famille universelle.

Les Effets

LES CONSEQUENCES POUR L'AVENIR

1) On s'aperçoit, de par ce qui a été exposé, que les tourments vécus par le suicidé dans le Monde Spirituel, ne l'ont pas exempté de sa faute.

Les suicidés sont dans l'effet immédiat. Il y aura, par la suite, un processus de « réparation ». D'abord le rééquilibrage du périsprit et des blessures faites à ce « corps céleste ». Puis, le défi sera d'effacer cette « bavure » de son histoire d'Esprit immortel, chose qui lui prendra du temps et lui demandera beaucoup d'efforts.

2) Comment cette « réparation » se passe-t-elle ?

Le corps physique est comme un tuyau d'échappement pour les impuretés spirituelles, conséquentes à la désobéissance des lois divines, particulièrement celle du décalogue de Moïse : « Tu ne tueras point ». La vie est un don divin et éliminer la nôtre ou celle de notre prochain n'est pas de notre compétence. Donc, dès que cela est possible, le suicidé doit se réincarner en vue des ajustements nécessaires à son évolution en passant par une expérience d'expiation. Alors, les lésions qui se trouvent dans son périsprit vont se répercuter dans son nouveau corps et lui procurer d'inévitables souffrances de divers ordres.

3) Peut-on en conclure que les suicidés ne restent pas longtemps dans le Monde Spirituel ?

Probablement, tout en tenant compte de la relativité du temps entre les deux mondes. Un an dans l'Au-delà peut représenter une décennie sur Terre. De toutes manières, dès qu'une possibilité se présente, la tendance est d'encourager dans les plus brefs délais, la réincarnation de l'esprit, considérée comme une sorte de purge spirituelle dans une situation d'urgence.

4) Y aura-t-il des problèmes dans le nouveau corps?

Inévitablement. Le périsprit est le « moule » du corps physique. S'il est « bouleversé » à cause du suicide, ses déséquilibres vont se refléter dans le nouveau corps. Ils donneront origine à des problèmes des plus divers, en rapport avec l'agression que l'individu a commis contre lui-même. Imaginons une personne qui fait un gâteau, si le moule est abîmé, le gâteau le sera aussi.

> *5) Que devient la personne qui s'est suicidée en se noyant ?*

Elle aura de sérieux problèmes au niveau de l'appareil respiratoire, tels que de l'asthme, de la bronchite et de l'emphysème chronique. Les médecins auront d'énormes difficultés pour les éradiquer, car les secours dont ils disposent n'atteignent que les effets, sans pour autant éliminer les causes profondes qui se trouvent dans le périsprit.

> *6) Et que devient le suicidé, si dans le même but, il a ingéré un quelconque acide mortel ?*

Dans ce cas, les problèmes vont se situer au niveau de l'appareil digestif : du reflux gastro-œsophagique, des hernies hiatales, des diverticuloses, des oesophagites, des varices, des ulcères et des tumeurs, ces dernières très souvent cancérigènes.

> *7) Et cela depuis sa petite enfance ?*

Normalement oui, car ces déséquilibres vont «s'imprimer» dans le corps physique à partir de la conception. Les lois de la génétique fonctionnent pour la couleur de la peau, des yeux, pour la structure physique, mais à peine sur le matériel de base pour la construction de la nouvelle « résidence » de l'Esprit. La « finition » lui appartiendra. Le « gâteau » grandira tordu si le « moule » est irrégulier.

8) Pouvons-nous donc considérer qu'il n'y a pas de hasard dans la combinaison génétique dont résultent les maladies du corps physique ?

Exactement ! « A chacun selon ses œuvres » nous enseignait Jésus (Mathieu, 16 : 27). Ce que nous avons fait dans le passé va fatalement se répercuter dans le présent, rendant plus faciles ou plus difficiles nos expériences humaines, reconnaissant nos efforts dans le Bien et corrigeant nos impulsions vers le mal.

Les Effets

BREVE EXISTENCE

1) Si l'on considère les graves séquelles liées au suicide, pouvons-nous dire que tout enfant porteur de problèmes physiques et mentaux est un esprit qui s'est suicidé dans une vie antérieure ?

Il s'agit avant tout de quelqu'un d'endetté vis à vis de son passé. Personne ne souffre sans le mériter mais nous devons éviter toute généralisation. Il y a d'autres infractions à la loi divine qui peuvent avoir des conséquences similaires sur le corps physique.

Voici quelques exemples : l'individu violent renaît dans un corps débile ; le calomniateur se réincarne avec des problèmes liés à la parole ; l'obsédé sexuel se présente avec des dysfonctions génétiques...

2) Quelle est la durée de ces existences réparatrices qui sont la conséquence d'un suicide ?

Avec de rares exceptions, le corps n'a pas de raison de résister longtemps aux graves déséquilibres – résultat de l'agression que le suicidé a pratiqué contre lui-même – que lui impose son périsprit.

3) Quel profit le suicidé peut-il tirer d'une existence si brève?

C'est un traitement d'urgence pour maladies graves. L'Esprit retourne au Monde Spirituel plus allégé. Lors de sa prochaine incarnation, il aura moins de séquelles. Les parents s'attachent à cet enfant si fragile et s'interrogent. Il en résulte plein de doutes, sur la valeur d'une existence si torturée et si brève. Ils ne connaissent pas l'importance, pour le suicidé, de leur amour et de leur tendresse, dans sa reconstruction. Nous pouvons les considérer comme de précieux collaborateurs de Dieu travaillant pour l'évolution de leurs enfants.

4) Le progrès de la médecine a permis à certaines maladies graves, même celles ayant pour origine le suicide, d'être soignées avec efficacité prolongeant ainsi la vie de ces enfants. S'agit-il d'une suppression de la souffrance sans aucun profit pour l'Esprit ?

L'avancement de la Médecine de la Terre obéit à

l'inspiration de la Médecine du Ciel. Il est très profitable au suicidé d'élargir son expérience dans la chair. Cela lui permet de se débarrasser de façon plus juste de ses défaillances provoquées par le suicide. Les maladies mortelles deviennent chroniques. En ce qui concerne le cancer, il peut aussi avoir son origine dans le suicide.

5) Que se passe-t-il quand la Médecine arrive à neutraliser le mal en évitant au suicidé de se racheter ?

La souffrance du suicidé dans la chair ne se situe pas dans un simple rachat. Il s'agit plutôt d'un réajustement. Dans ce cas, la Médecine fonctionne comme instrument de la miséricorde divine, diminuant et apaisant les souffrances.

6) Et la justice, que devient-elle ?

Un adolescent qui a agi de façon irresponsable et s'est fait une fracture, n'est pas en train de « payer des dettes » par cette souffrance. Il endure simplement les conséquences de son imprudence. S'il peut bénéficier des progrès de la Médecine, tant mieux pour lui. En ce qui concerne les « fractures du périsprit » provoquées par le suicide, elles ne peuvent être apaisées et réduites qu'en fonction des efforts mis en œuvre par chacun et selon ses mérites.

7) Quelle est la situation du suicidé quand il retourne dans le Monde Spirituel, après avoir vécu cette nouvelle et courte incarnation sur Terre ? Reprend-t-il sa personnalité antérieure ?

Il tend à conserver l'actuelle, pour son bénéfice, en attendant une nouvelle « plongée » dans la chair. Le fait de ne pas se souvenir de l'existence au cours de laquelle il a commis son suicide, l'aide à se reconstruire plus rapidement.

8) Conserve-t-il l'apparence d'un enfant ?

Oui, en attendant la possibilité d'une nouvelle incarnation. Pendant ce temps, il peut se perfectionner, toujours sous l'égide des guides spirituels, qui l'orientent, comme n'importe quel enfant sur Terre.

Les Effets

TENTATIVE RATEE

1) Le nombre de personnes qui tentent de se suicider et qui ne le réussissent pas est très grand. Quelles sont pour elles les conséquences de cet acte ?

Tout acte de violence, quel qu'il soit, contre son prochain ou contre soi-même, aura des répercussions au niveau du périsprit. Il engendrera des problèmes qui tôt ou tard se manifesteront sous forme de maux physiques ou psychiques.

2) La conséquence est-elle identique à celle du suicide réussi ?

Il y a quelques similitudes, mais rien à voir avec la situation du suicidé, qui, comme nous l'avons déjà dit dans nos commentaires, dérange profondément le périsprit. De plus, l'Esprit se trouve projeté dans des régions de grandes souffrances où « il y a des pleurs et des grincements de dents » (Mathieu, 13:42) .

3) Le suicide raté, génère-t-il un karma ou une pénalité quelconque ?

Le voleur frustré par sa tentative de vol ratée parce que la victime a réussi à lui échapper, est aussi coupable et fautif pour répondre en justice. C'est la même chose pour celui qui a tenté de se suicider : il répondra pour son initiative malheureuse.

4) Parfois la tentative de suicide est le résultat d'une réaction impulsive, inattendue face à une rupture amoureuse, la perte d'un être aimé, à une faillite financière ou au fait de se savoir atteint d'une grave maladie. Est-ce que, même dans ces cas-là, il y aura des conséquences ?

Le Code Pénal définit que, le degré de culpabilité de quelqu'un qui commet un crime dans un moment de profond désarroi, est inférieur à celui qui prémédite et exécute un assassinat. Mais comme dans la situation antérieure, il est redevable de pénalités de par la loi. Il en est de même avec quelqu'un qui commet un suicide dans un moment d'immense souffrance.

5) Il y a des personnes qui, sans vouloir se tuer, mais dans le but d'attirer l'attention sur elles, prennent des doses exagérées de médicaments ou se coupent les veines. Sont-elles exemptées de responsabilités ?

Il faut considérer que bien souvent, l'intention est mal calculée et que l'individu finit par mourir. Et même quand la fin n'est pas tragique, il s'agit d'une violence contre soi-même avec circonstance aggravante, très regrettable et très douloureuse pour l'entourage.

6) Prenons l'exemple de quelqu'un qui a tenté de se suicider plusieurs fois sans arriver à son but. S'il vient à connaître la Doctrine Spirite et se rend compte de son erreur, peut-il ne pas subir les conséquences de ses actes ?

L'apôtre Paul proclame (Pierre, 4-8) sous l'inspiration de Jésus que « l'amour couvre la multitude de pêchers ». Les conséquences qui résultent de la tentative de suicide et du suicide raté peuvent être atténuées par l'exercice de l'amour demandé par Jésus quand Il dit de faire à notre prochain ce que nous aimerions qu'il nous fasse.

7) Si l'on considère que la tentative de suicide est une agression sur le périsprit, est-ce que la pratique de l'amour fraternel éviterait les séquelles qui en découlent ?

Non, mais elle va certainement les atténuer. Une maladie de peau peut demander un certain temps pour guérir, mais le patient ressent un soulagement s'il reçoit un traitement adéquat. La pratique de l'amour fraternel est le « baume divin » pour les maux de l'âme, qui sont les séquelles de nos actes malheureux.

8) Et la justice dans tout cela ?

Dans l'Evangile de Mathieu (9:13), Jésus en faisant référence aux Ecritures rappelait : « Je veux la bonté, la miséricorde et non le sacrifice... »
La justice de la Terre prescrit des peines alternatives pour certaines infractions à la loi. La pratique de l'amour fraternel est la peine alternative offerte par la Miséricorde Divine pour le rachat de nos dettes envers la Justice Divine.

Les Effets

PROBLEMES DANS LA FAMILLE

1) Le suicide cause toujours des problèmes pour la famille. Est-ce que les angoisses et les souffrances qui en découlent peuvent être considérées comme un karma à vivre ?

Vivre en famille avec une personne problématique, peut être un karma relatif au passé. Néanmoins, en aucun cas, il faut inclure le suicide dans le karma. Cela serait une aberration !

2) Peut on donc conclure, que les souffrances de la famille face au suicide de l'un de leurs membres, n'ont pas été programmées, et qu'elle ne devrait pas passer par tout cela ?

Personne, en aucun cas, n'est destiné à être confronté au suicide d'un être cher. Aucun Esprit ne se réincarne avec pour objectif le suicide, car ceci est une déviation de la route programmée, et jamais un but existentiel. Il s'agit d'une absurdité et non d'une destinée.

3) Peut-on ainsi en conclure que le suicidé est responsable des maux imposés à sa famille?

Il est responsable, non seulement de la douleur causée à sa famille au moment de son acte, mais aussi des traumatismes émotionnels qui en découlent et qui se répercuteront tout le long de leurs vies. Malheureusement, le suicidé est tellement pris par ses problèmes et par son ego, qu'il est loin de pouvoir évaluer le mal qu'il provoque aux autres et les conséquences funestes pour son avenir.

4) En plus de la responsabilité du traumatisme causé à la famille, y a-il d'autres implications ?

Le suicidé est co-responsable des déséquilibres comportementaux de sa famille et des difficultés auxquelles elle est confrontée, à cause de son absence et de sa fuite volontaire par le suicide.

5) Prenons un exemple :

Supposons qu'il s'agisse d'un chef de famille. Son suicide laisse sa femme et ses enfants dans une situation délicate, parfois même très précaire. Imaginons maintenant le pire : sa jeune fille finit par se prostituer et son fils tombe dans la délinquance... Tout cela lui sera débité, augmentant ses angoisses et ses engagements envers la loi divine.

6) Que se passe-t-il si les enfants, par leurs faiblesses ou leur propre gré, prennent une mauvaise route ?

Le suicidé s'est réincarné en tant que parent, justement pour les aider à surmonter leurs difficultés et leurs faiblesses. N'est-elle pas là, la mission des parents ? Sa disparition les laisse livrés à eux-mêmes et il devra répondre pour cette omission.

7) Est-ce que le suicidé a connaissance de tout cela?

En principe, non, car il se trouve dans des régions spirituelles de souffrances indescriptibles, non similaires à celles de la Terre. De plus, dans son esprit il n'y a pas de place pour penser à quoique ce soit au-delà de ses propres tourments.

8) Quand prendra-t-il connaissances de tout cela ?

Le moment arrivera fatalement ! Quand il sera secouru par des institutions spécialisées du Monde Spirituel, il sera invité à évaluer ses expériences vécues et à se renseigner sur le sort de sa famille. Le plus douloureux de ses tourments, sera l'angoisse de les voir plongés dans de graves déviations de comportements, ce qui malheureusement est très fréquent.

Les Causes

FUITE

1) Pourquoi les personnes se suicident-elles ?

Normalement, il s'agit d'une fuite. L'individu veut fuir une situation qui le tourmente : la mort d'un être cher, un désastre financier, un chagrin d'amour, une maladie grave, parmi d'autres tourments. Dominé par l'angoisse, il tombe dans le désespoir et commence à voir dans la mort la solution à son problème, la « plongée » dans le néant.

2) Même craintif devant les défis présentés par la vie, ne fait-il pas preuve de courage en décidant de se confronter à l'inconnu ?

Il est très rare que le suicidé méconnaisse totalement la menace des conséquences funestes engendrées par son acte. Mais il a un tel désir de fuir ce qui le tourmente, qu'il finit par commettre le geste insensé.

3) *Pourquoi les choses se passent-elles de la sorte ?*

Les religions traditionnelles conçoivent que la vie continue. Elles expliquent que nous répondrons de nos actes commis sur Terre. Elles nous enseignent que les âmes après la mort du corps, vont séjourner dans des régions infernales ou dans des régions célestes selon leurs mérites. Selon leurs dogmes, le suicide est un « péché mortel » passif de châtiment éternel. Néanmoins, ces chemins spiritualistes n'offrent pas de vision plus large de l'Au-delà, et demeurent dans le domaine de la spéculation et des idées un peu fantaisistes.

4) *Ne sont-elles pas convaincantes ?*

Elles peuvent l'être pour ceux qui acceptent les dogmes de foi, sans aucune question et sans le crible de la raison. Ceux-ci peuvent dominer leurs impulsions autodestructrices par peur de l'enfer. Mais ça n'est pas le cas pour la majorité des fidèles, qui « naviguent » dans la superficialité des croyances, sans aucune conviction solide au sujet de l'immortalité.

5) Et quelle est la méthode pour convaincre ces candidats à la fuite, que celle là n'est définitivement pas la solution ?

Un jeune, sous l'influence de ses copains a fumé du « haschich ». Son père, prenant connaissance du fait, l'emmène visiter un hôpital pour drogués. Devant le tableau dantesque des souffrances et des déséquilibres, il n'a plus jamais touché à la drogue. Le Spiritisme, précisément, nous «amène là » et nous démontre les conséquences funestes du suicide.

6) Nous est-il possible de rentrer en contact avec ceux qui se sont suicidés ?

Cela se passe dans les réunions médiumniques. Ils se manifestent par l'intermédiaire des médiums préparés à ce genre de contact et ils nous racontent leurs tourments. Nous avons déjà, en de nombreuses occasions, discuté avec ces esprits malheureux et ils sont unanimes à affirmer qu'aucune souffrance sur Terre n'est comparable à la leur.

7) Quel est le résultat de ce contact ?

Le candidat au suicide se rend compte que l'idée n'est pas une bonne option. Seulement, comme il n'est pas en possession de ses facultés mentales, il continue à nourrir le désir de se tuer, même après avoir pris connaissance qu'il s'agit littéralement de « sauter de la poêle vers le feu ».

8) Que se passe-t-il pour une personne initiée au Spiritisme, qui devant une situation qu'elle considère insupportable, tente de se suicider?

Celui qui étudie la Doctrine Spirite et cultive la réflexion autour de ses principes, commettra difficilement cet acte. Il est conscient que les tribulations de son existence sont des opportunités de rachat de ses dettes envers les lois divines, en vue d'un avenir plus heureux.

Les Causes

UNE IDEE « ENTRETENUE »

1) A part les gestes de folie et de désespoir qui mènent au suicide, il semblerait que celui-ci soit aussi le fruit d'une idée « entretenue ».

Sans doute. L'idée peut, au début, ne pas paraître de façon très définie ; elle arrive comme quelque chose de très subtile qui, petit à petit prend corps. D'abord, vient la sensation que la vie est très compliquée, puis les problèmes et les difficultés semblent insurmontables ; la maladie devient insupportable ; les désillusions un tourment...

2) Puis, vient l'idée qu'il serait mieux de « partir »...

Il s'agit d'un curieux euphémisme, qui exprime la conviction d'immortalité à partir de la trompeuse supposition qu'il serait possible de se libérer de ces désagréments comme quelqu'un qui quitte sa maison, sa ville ou son pays.

> *3) Serait-il possible à la famille et aux amis de s'apercevoir qu'il y a quelque chose qui ne va pas chez le candidat au suicide ?*

Oui, parce qu'il finit par exprimer son intention : « Je me sens malheureux ! Mes problèmes sont trop grands ! J'aimerais que le sol s'ouvre sous mes pieds ! ». Jésus disait « que la bouche de l'homme exprime ce dont son cœur est plein » (Luc, 6 :45). Ses paroles sont également valables pour les candidats au suicide.

> *4) On a l'habitude de dire que celui qui menace de se tuer ne le fait pas.*

Il s'agit d'une fausse idée, démentie par les faits. Il est prudent d'y faire attention. De nombreuses fois, l'expérience nous a démontré, que lorsque la personne parle de son intention de « partir », inconsciemment elle est en train de demander du secours et de montrer qu'elle se trouve à la limite de ses forces.

> *5) Que pouvons-nous faire, quand une personne de notre famille ou de nos relations commence à avoir des idées suicidaires ?*

Avoir une conversation avec elle sur le sujet et lui faire comprendre que la fuite ne résoudra pas ses problèmes et qu'au contraire, ils seront aggravés de façon excessive. Lui apporter ces éclaircissements sera la première chose pour libérer son esprit de cette idée. Puis, essayer de l'aider dans ses problèmes. Parfois un geste de sollicitude, de tendresse ou de solidarité, peut être plus efficace, que toutes les informations apportées au sujet des conséquences douloureuses de cet acte insensé.

6) Que devons-nous faire devant le familier, qui déjà bien informé au sujet du suicide, menace de se tuer si nous refusons ses revendications ?

Généralement, il s'agit d'un chantage émotionnel. Nous devons être vigilants pour ne pas céder à ses humeurs et caprices, sous peine de tomber dans sa dépendance.

7) Que se passe-t-il s'il finit par se suicider ? Sommes-nous également coupables de son acte ?

S'il prétend à quelque chose d'irraisonnable par caprice ou par colère, il n'y a pas de raison de se sentir coupable. L'important, dans ce cas, c'est d'avoir la conscience tranquille, après avoir fait tout ce qui est compatible avec le bon sens, en étant toujours prêt à aider, sans se servir des expressions du genre : « alors, tue-toi et laisse-moi tranquille », qui ne sont pas rares dans les mésententes familiales. Ceci étant une façon de le pousser au suicide. De plus, cette attitude va compromettre celui qui a agi de la sorte.

8) Que devons-nous faire pour que l'idée du suicide ne prenne pas corps en nous ?

Avoir confiance en Dieu et être conscient que toutes les situations que nous vivons sur Terre, sont transitoires et passagères. Ce qu'aujourd'hui, nous considérons comme un mal dans notre existence, peut être une opportunité de rénovation intime. Le mot « crise » dans l'idéogramme chinois signifie « opportunité ». Donc, c'est l'opportunité de donner un témoignage de nos convictions et de grandir en affrontant les défis que la vie nous présente.

Les Causes

PAR AMOUR

1) Pourquoi un grand nombre de personnes se tue au moment d'une rupture amoureuse ?

Ces personnes considèrent leur partenaire comme leur raison de vivre. Elles ne comprennent pas qu'il s'agit-là d'à peine un moment de leur vie faisant partie de l'objectif majeur : l'élévation intégrale en tant qu'enfant de Dieu. Beaucoup d'entre elles ignorent ou oublient que nous sommes tous, sans exception, destinés à la perfection ; que nous sommes tous invités, incessamment, au progrès moral, spirituel et intellectuel. Les liaisons affectives représentent un détail dans ce contexte. Si elles deviennent notre raison de vivre, « nous perdons les pédales » et notre équilibre avec. De ce fait, face à une frustration amoureuse, les conséquences peuvent être désastreuses nous amenant même au suicide.

2) Mais l'amour, n'est-ce pas la chose la plus importante dans l'existence ?

Oui, mais le vrai amour : celui qui se donne, qui se dédie à son prochain, qui est capable de pratiquer des valeurs chrétiennes, telle la compréhension. Celui-ci nous apprend que personne n'appartient à qui que ce soit et que toutes les liaisons amoureuses demandent de la réciprocité. L'amour possessif, qui n'accepte pas le désir de séparation de l'un des conjoints, est synonyme d'égoïsme.

3) Quelle est la situation dans le Monde Spirituel, d'une jeune fille qui a été séduite et abandonnée par un jeune homme irresponsable, et qui a fini par se suicider ?

Il y a sûrement des circonstances atténuantes si l'on considère son inexpérience et sa fragilité. Cependant elle ne sera pas exemptée des déséquilibres et des souffrances dues à la violence pratiquée envers elle-même. Il n'est pas rare que l'acte suicidaire ait pour origine le désir de « punir » l'auteur de son malheur, lui imposant des sentiments de culpabilité et de remords.

4) Une situation qui devient de plus en plus répandue est celle de la rupture d'une liaison stable. A un moment donné, l'un des conjoints décide qu'il n'est plus intéressé par cette expérience affective. L'autre menace de se suicider. Quel est le degré de culpabilité de chacun, si le suicide vient à se réaliser ou même s'il y a une tentative qui n'aboutit pas ?

Le suicidé subit les conséquences dues à son acte. En ce qui concerne celui qui a rompu le contrat, sa responsabilité est en rapport avec la manière dont il a conduit sa vie conjugale.

5) Peut-on avoir un exemple ?

Allan Kardec, dans le "Ciel et L'Enfer" raconte l'histoire d'une jeune femme qui pendant des mois a fréquenté et s'est fiancée avec un jeune cordonnier. Ils avaient déjà retenu la date du mariage quand, pour des motifs futiles, elle a rompu les fiançailles. Désespéré, il s'est suicidé. Allan Kardec nous fait prendre conscience que la jeune femme avait sa part de responsabilité dans cet acte insensé, car même sans l'aimer, elle a soutenu cette liaison qui aurait du être interrompue dès le début.

6) Après avoir vécu une vie affective de couple difficile, générant des disputes et des mésententes, une jeune femme décide de mettre fin à cette relation. Le jeune homme n'acceptant pas sa décision, se suicide. Cette jeune femme a t'elle une part responsabilité dans son acte ?

Ici, la situation est différente. Leur relation ne se déroulant pas bien, la jeune femme a exercé son droit de s'éloigner pour entamer plus tard une nouvelle relation. Les gens oublient que dans toute expérience affective, la réciprocité est fondamentale.

7) Même si la jeune femme est exemptée de responsabilité, elle sera traumatisée par cette fin tragique. Que pourra-t-elle faire pour bien continuer son chemin et se rééquilibrer ?

Il s'agit d'une situation qui demande le concours du temps et d'une attitude positive de sa part. Il faut qu'elle considère cette malheureuse expérience comme une page du livre de son existence qui doit être tournée. Pour sa part, il n'y a pas crime de mettre fin à une relation qui ne marchait pas. La période de fréquentation est un exemple de ce que pourra être le mariage ; si la vision n'est pas la même durant cette période, cela montre bien que par la suite, cela deviendrait difficile.

8) Pourquoi, si fréquemment, des couples insistent à maintenir une relation difficile, malgré de très mauvaises perspectives qui risquent de tourner en tragédie ou en suicide ?

C'est le problème de la passion. Malheureusement, de nos jours, la grande majorité des liaisons amoureuses démarrent et se maintiennent par l'attirance sexuelle, qui inhibe la raison. Quand, l'un des partenaires « retombe dans la réalité » et décide d'y mettre fin, le problème surgit.

Les Causes

PACTE D'AMOUR

1) Que dire des amoureux, qui, frustrés dans leur désir d'union, décident de se suicider ensemble ? Peuvent-ils se rejoindre dans l'Au-delà ?

Pauvres malheureux ! Trompés dans leur prétention ! En plus des tourments propres au suicide, ils ressentiront une immense solitude due au fait de ne pas avoir obtenu l'union si désirée.

2) Et s'il s'agit d'âmes sœurs, en train de vivre un grand amour, resteront-elles séparés dans l'Au-delà ?

Cela est le fardeau le plus lourd à porter à cause du suicide. Les deux âmes vont séjourner dans des régions de grandes souffrances ; celles-ci sont si intenses qu'elles n'ont ni le temps, ni la disposition pour penser à l'être aimé.

3) Si leur amour est légitime, ont-ils l'occasion de se rencontrer dans une nouvelle existence ?

Oui, mais avec la somme des problèmes physiques et spirituels ayant pour origine leur suicide. Il est probable qu'ils se retrouveront un jour pour revivre la même situation qui a provoqué leur fuite : l'impossibilité d'une union tant désirée.

4) Ne serait-il pas plus facile qu'ils se réincarnent ensemble pour s'aider mutuellement ?

Il ne faut pas oublier qu'une situation comme un amour impossible, a son origine dans les vies passées qui se présente, pour le couple, comme une occasion de rachat de leurs dettes et d'évolution de leurs Esprits. Tant qu'ils ne se disposeront pas à accepter ces frustrations affectives, ils seront dans l'impossibilité de réaliser leurs rêves d'union.

5) Que se passe-t-il avec le conjoint qui n'acceptant pas la mort de son partenaire, décide de se suicider ?

Il s'agit d'une désastreuse décision qui démontre sa méconnaissance totale de la vie spirituelle. En tant que suicidé, il subira les conséquences de son acte et sa douleur sera bien pire que celle d'une séparation provisoire. En plus, il compromet leur avenir à tout les deux. Il fait souffrir son conjoint, qui, désolé le voit dans sa descente aux abîmes.

6) Peut-il faire quelque chose pour aider le suicidé ?

Si les liens qui les unissent sont légitimes et forts, il va déployer tous les efforts pour l'aider à se reconstruire, mobilisant la collaboration d'amis spirituels. Il va certainement vouloir l'accompagner dans sa prochaine incarnation.

7) Reviendront-ils en tant que mari et femme ?

Il est très difficile de le définir, considérant que le suicidé va renaître avec de graves séquelles physiques ou mentales. Probablement, ils se retrouveront unis par les liens du sang : père ou mère, fils ou frère⋯ Ce qui est certain, c'est que le conjoint le plus éclairé va devenir une aide pour le suicidé. Ses expériences en commun pourront se prolonger pendant plusieurs existences, exigeant de sa part, du renoncement, du sacrifice et un vrai désir de servir.

8) Dans l'Inde ancienne, par tradition, l'épouse se laissait consumer par les flammes à côté du cadavre de son mari. Dans une telle situation pourrions-nous la considérer comme une suicidée ?

Dire qu'elle « se laissait », ne correspond pas à la réalité. Elle était obligée de le faire. Il s'agissait d'une coutume barbare, inspirée de l'idée que l'épouse devait accompagner son mari dans son voyage de retour à la vie spirituelle. Elle était victime, donc elle ne pouvait pas assumer des responsabilités, mais elle pouvait être confrontée à une mort violente....

Les Causes

OBSESSION

1) Est-ce que des Esprits obsédants peuvent amener quelqu'un au suicide ?

Cela se passe très fréquemment. L'Esprit obsédant s'infiltre dans les pensées de l'obsédé et lui inspire l'idée du suicide, qui se répercute incessamment dans son cerveau le poussant à l'acte. Imaginons : nous sommes vivants avec nos problèmes et quelqu'un à nos côtés nous suggère : « Finis avec ta souffrance. Libère-toi de cette angoisse ! Ce n'est pas la peine de continuer à vivre ! Tue-toi ! ». Il s'agit d'une pression terrible, d'une torture qui finit par miner la résistance de la victime.

2) L'obsédé est-il considéré comme un suicidé ?

Les influences spirituelles ne nous enlèvent pas la responsabilité de nos fautes. L'obsédant ne contraint pas sa victime, il suggère à peine… L'obsédé est donc maître de ses actes. Néanmoins, l'action obsessive est sans doute, un facteur atténuant.

3) Est-ce que ce genre de suicide est moins lourd de conséquence ?

Oui, mais toujours conditionné par le niveau de conscience qu'a le suicidé et de sa connaissance du sujet. Cela est valable pour toutes les actions humaines. Plus l'individu est éclairé, plus grand sera son compromis avec le Bien et plus graves seront les conséquences de son engagement avec le Mal.

4) Et s'il s'agit d'un cas de subjugation ou de possession où l'obsédant pousse un individu à se tuer…

Si la subjugation l'amène à l'aliénation totale, l'obsédé n'est plus maître de ses actes. Néanmoins, il n'est pas facile de pousser un aliéné au suicide car étant donné que sa conscience est bloquée, l'instinct de conservation va prendre le dessus.

5) Que se passe-t-il quand la victime subit une forte influence qui l'amène à la dépression et ensuite au suicide ?

La dépression est un facteur d'induction au suicide mais elle n'est pas un facteur déterminant.
Donc, le suicidé n'est pas exempté de la responsabilité de son acte, car le choix de la fuite lui appartient.

6) Comment peut-on savoir si un suicide a été induit par des Esprits obsédants ?

Nous pouvons affirmer qu'il y a toujours l'action d'Esprits obsessifs. Ils peuvent être à l'origine ou l'effet d'une idée d'autodestruction. L'individu sous l'influence de ces Esprits, commence à penser au suicide ou bien il finit sous l'influence de ce même genre d'Esprits, quand il commence à avoir des idées suicidaires.

7) Quelle est la situation de l'Esprit qui pousse quelqu'un au suicide ?

Il sera co-participant de l'acte et en tant que tel, il a à assumer de graves responsabilités. Il éprouve des souffrances morales intenses qui le tourmentent, surtout au moment où il est appelé à rendre des comptes...

8) Que peut-t-il faire pour réparer le mal qu'il a pratiqué ?

Il doit prêter secours à sa victime. Il n'est pas rare,

qu'un père torturé, s'occupe d'un fils avec de graves dysfonctions physiques et mentales parce que dans le passé, il l'a poussé au suicide. Ici, je ne fais référence qu'aux suggestions malheureuses d'un désincarné à une personne incarnée. Mais, il existe aussi « l'obsédant incarné » qui fait souffrir celui qui, comme lui, est sur Terre et l'amène à des états dépressifs favorables à l'autodestruction. Au moment de son éveil spirituel, il prend conscience de l'amplitude du mal qu'il a pratiqué et il s'engage à l'aider à sa reconstruction.

Les Causes

LES BOMBES HUMAINES

1) Comment qualifier les fanatiques qui, au nom de leurs principes religieux, "s'habillent" en bombes et se font exploser en milieu public, cherchant à tuer le plus grand nombre de personnes ?

Il est très regrettable que l'on puisse commettre des atrocités au nom des idées religieuses. Le mot « religion », comme nous le savons, veut dire « lier » ou « relier » à Dieu qui est notre Père, à nous tous. Il est inadmissible qu'en Son nom on s'extermine les uns les autres.

2) Ils disent qu'ils puisent leur inspiration dans le Coran...

Maintes fois, de respectables leaders musulmans, ont réitéré que dans l'Islamisme, il n'y a aucune orientation qui puisse susciter ces folies. Seuls les fanatiques, qui interprètent au pied de la lettre certaines expressions de Mahomet, puisent en elles de l'inspiration pour perpétrer de telles atrocités. Ces pauvres malheureux revivent les mêmes déraisons que les chrétiens du Moyen Age, qui pour justifier le bain de sang des Croisades, ces guerres de conquête au nom du Prince de la Paix, citaient Jésus (Mathieu, 10:34) « Je ne suis pas venu porter la paix mais le combat ». Le Maître faisait référence à l'incompréhension que subiraient ses adeptes, à commencer par leur propre famille.

3) Est-ce que le fanatisme peut être une justification pour l'individu qui pratique cet acte, croyant « agir au nom de Dieu ? »

L'ignorance peut atténuer la responsabilité de celui qui pratique le mal mais jamais l'exempter de peines. Nous sommes tous fils de Dieu, notre Père d'amour et de miséricorde infinis. Nous héritons du Seigneur Suprême, la vocation du Bien. Le mal est la négation de notre nature divine.

4) Dans quelles conditions retournent-ils dans le Monde Spirituel ?

Les bons Esprits vont les aider à surmonter les traumatismes causés par la violence de leur mort. Cependant, notre condition dans le Monde des Esprits ne dépend pas tellement de la façon dont nous sommes partis, mais plutôt de la façon dont nous y sommes arrivés.

5) Qu'est ce que cela veut dire ?

L'important, ce n'est pas la mort que nous avons subie mais la vie que nous avons vécue. Un homme de bien, lorsqu'il meurt dans un attentat, va rapidement surmonter le traumatisme et s'adapter avec facilité à la vie spirituelle. Quelqu'un qui a souffert d'une longue maladie, qui théoriquement, est une bonne préparation pour la mort, peut se désincarner dans un état de déséquilibre spirituel. Comme cela se passe pour quelqu'un qui a toujours été très attaché à la vie matérielle, sans n'avoir jamais réfléchi aux valeurs spirituelles.

6) Que se passe-t-il avec « l'homme bombe » ?

Il sera confronté à une mort traumatisante. En plus de l'agression de son périsprit par la violence contre lui-même, il aura à assumer la responsabilité de la mort de ses victimes. Et tout cela sous l'impact du plus féroce des sentiments : la haine.

7) Que se passe-t-il pour les organisateurs et instigateurs de tous ces actes sinistres ?

Leurs dettes envers les lois divines sont beaucoup plus graves. Pour qu'ils retrouvent à nouveau leur équilibre, des siècles passeront. D'abord, ils seront confrontés à des souffrances inimaginables dans le Monde Spirituel, suivies d'incarnations d'expiation plus ou moins douloureuses.

8) Si l'on part de l'enseignement de l'Evangile où il est dit : « qu'il ne tombe pas une feuille d'un arbre sans que cela soit par la volonté de Dieu », pouvons-nous dire que ces atrocités existent pour que certaines personnes payent leurs dettes ?

Quand Jésus nous parle de "volonté", nous devons comprendre "consentement". Autrement, nous serions en train d'attribuer à une inspiration venue du Ciel, le terrorisme sur Terre. Dieu ne demande pas le concours humain pour opérer Sa Justice. Le mal n'est pas un dessein céleste. Il est la conséquence de la méchanceté des hommes. Donc, nous tous, sans exception, nous répondrons pour nos actions qui portent préjudices à notre prochain.

Les Causes

TENDANCE ACQUISE

1) Quelqu'un qui s'est déjà suicidé dans une vie, peut-il, dans une existence future, commettre à nouveau cet acte ?

Oui, cela peut arriver. Le suicide est toujours un acte extrême de fuite devant des situations indésirables. En les revivant dans une nouvelle existence, tel un apprenti qui redouble, l'individu peut développer cette tendance à l'évasion et récidiver. Ce comportement fait penser à un virus dans un ordinateur, qui dans son moi profond, aurait enregistré une consigne : s'il y a problème, « supprime » ta vie.

2) Après avoir souffert des conséquences douloureuses de son acte, n'est il pas « vacciné » contre le suicide ?

La raison nous dit que si. Mais, le suicide est peut-être le plus irrationnel de tous les actes. Si le candidat à la récidive s'arrêtait quelques moments pour réfléchir à tout ce dont les religions parlent à ce sujet, ainsi qu'aux problèmes auxquels il sera obligatoirement confronté, il abandonnerait cette pensée et il se disposerait sûrement à combattre toute tendance à la fuite.

3) Un tel comportement peut-il se perpétuer ?

Le mal ne peut jamais se perpétuer. Ce serait un échec pour Dieu qui ne nous a pas créé pour la perdition éternelle. L'heure du changement arrive toujours. Le désir sincère de se libérer des conditionnements, des déséquilibres et autres limitations causés par le suicide apparaît chez l'individu.

4) Comment se présente cette deuxième hypothèse ?

Les problèmes cumulés provenant du suicide, sont à l'origine de réincarnations d'expiation, marquées par de graves handicaps mentaux ou physiques. Cette « thérapie » sert à inhiber le libre arbitre, empêchant l'individu de se tuer une nouvelle fois.
Imaginons quelqu'un avec de sévères handicaps physiques ou mentaux, sans aucune possibilité d'agir par lui-même, nous serions, dans ce cas, devant un exemple de protection contre le suicide. Bien sûr, cela ne signifie pas que tous les souffrants de ces épreuves

soient des suicidés récidivistes. Elles peuvent avoir d'autres origines telles l'insubordination aux lois divines, le vice et le crime.

5) Est-ce une façon de « faire patienter » l'individu... ?

Exactement. Le temps est le meilleur médicament pour ces malheureux, qui peuvent pendant des siècles persister dans ces situations douloureuses. Il les aide à faire disparaître de leur esprit cette tendance à l'évasion par le suicide et à se confronter à leurs problèmes avec confiance en Dieu et foi en l'avenir.

6) En plus du temps, existe-t'il une autre mesure thérapeutique ?

Oui, l'éducation. A tout instant, l'action éducative et éclairante des guides spirituels envers ces esprits, incarnés ou désincarnés, est précieuse et décisive. Ils les aident à s'accommoder à leur existence et à comprendre que pour évoluer et être heureux, vivre est nécessaire.

7) Le temps et la connaissance sont-ils suffisants pour atteindre le but désiré ?

L'AMOUR est sans doute, la thérapie la plus efficace. Nous avons tous des êtres chers plus avancés que nous sur les chemins de Dieu. Très souvent, ces âmes généreuses renoncent à des séjours dans des régions plus élevées, pour nous accompagner en tant que parents affectueux et vigilants, sur nos routes d'expiation sur Terre.

8) Que se passe-t-il quand ces esprits du Bien voient que leurs tentatives n'ont pas apporté les fruits souhaités ?

Ils ne se laissent pas emporter par le pessimisme, conscients qu'ils sont de la paternité divine. Ils renouvèlent et soutiennent les initiatives. Ils réitèrent l'aide à l'être aimé, jusqu'à ce qu'ils ressentent que leur protégé se libère de ses mauvaises tendances et se trouve prêt à affronter les défis de la vie. Nous avons été créés pour la perfection, et tôt ou tard nous y arriverons. C'est bon pour nous d'en être conscient.

Les Causes

AUTOPUNITION

1) Judas s'est suicidé, quand il a pris conscience qu'il avait commis un crime dont le mobile était l'argent. Peut-on justifier son suicide comme un geste d'autopunition ?

Nous sommes devant une grande équivoque. Judas n'a pas commis cette trahison motivé par l'argent. Son intention était de provoquer, grâce à l'emprisonnement de Jésus, une réaction populaire et par conséquent une révolution pouvant amener l'ascension du Christianisme. Il n'avait rien compris du message du Maître. En ce qui concerne son suicide autopunitif, il s'agit d'une erreur lamentable qui a aggravé sa souffrance et la conscience de sa culpabilité.

2) Ne serait-ce pas, au moins, un facteur atténuant ?

Imaginons quelqu'un tourmenté par un crime. Voulant

se punir, il décide de s'amputer de son bras. Son geste pourrait inspirer de la compassion mais le tourment causé par son crime ne va pas l'épargner pour autant des rigueurs de la justice, ni sa mutilation, des douleurs et du handicap qui en résultent.

3) *Il y a dans l'histoire brésilienne des années cinquante, le fameux suicide du président de la République, M. Getulio Vargas. Ses admirateurs considèrent cette mort comme un geste de bravoure et de courage qui avait comme but d'éviter la possibilité d'une guerre civile. Dans un tel cas, ne s'agit-il pas d'une bonne justification ?*

Nous pourrions le comprendre comme un geste de faiblesse, comme une fuite qui a traumatisé la nation et l'a presque plongé dans le chaos. Il aurait été plus raisonnable de sa part, de renoncer simplement au pouvoir.

4) Comment comprendre le suicide de Socrate ?

Socrate ne s'est pas suicidé. Il a été condamné à la peine capitale pour avoir commis le « crime » d'enseigner aux jeunes d'Athènes, l'art de penser et de réfléchir. Le moyen d'exécution de cette peine a été l'obligation de boire de la ciguë, poison vénéneux.

5) Dans le Japon médiéval, et encore de nos jours, il y a des gens qui pratiquent le hara-kiri, dans le but de se punir d'une faute ou d'un échec. Cela consiste, à s'enfoncer une épée dans le ventre. Dans ce cas, si l'on considère qu'il s'agit d'une tradition culturelle japonaise, le suicide, est-il justifié ?

Depuis des temps ancestraux et encore aujourd'hui, il y a ceux qui après avoir été offensés ou trahis, croient « laver » leur honneur dans le sang, tuant celui qui leur a fait du tort. C'est la culture de la vengeance, et même si devant les hommes leurs gestes trouvent une justification, ils n'en trouvent pas devant la justice de Dieu. Ils répondront pour leurs actes. Il en est de même avec le suicide pour « défendre son honneur », une coutume barbare que n'utilisent pas ceux qui savent déjà que le suicide est toujours une fuite, jamais une rédemption.

6) Il y a des individus désillusionnés de la vie qui s'exposent délibérément à des situations dangereuses comme la guerre. Quel est leur destin dans le Monde Spirituel, s'ils viennent à en mourir ?

Ces gens retournent dans le Monde Spirituel dans la condition de suicidés. Ne voulant pas être considérés comme des suicidés ou n'ayant pas le courage de prendre l'initiative de leur propre disparition, ils souhaitent devenir des héros qui se tuent pour une cause. Se retrouvent aussi dans cette même situation, tous ceux qui subissant une grave maladie, refusent le traitement adéquat qui peut les sauver de la mort.

7) Le fait de ne pas commettre directement un acte de violence sur leur corps, ne sert-il pas de facteur atténuant ?

C'est comme s'ils en avaient commis un et avec un facteur aggravant : dans leur stupidité, ils finissent par commettre des excès, frôlant la cruauté avant d'être morts. Ils vont répondre pour cela aussi.

8) Pouvons-nous intégrer dans cette même catégorie, tous ceux qui participent à des batailles ou qui vont à la guerre ?

Non, car en règle générale, ils n'y vont pas pour mourir mais pour défendre leur vie et leur patrie ainsi que celles de leurs alliés. S'ils ne commettent pas d'imprudences ni de cruautés, ils s'engagent dans une situation beaucoup moins traumatisante, au cas où ils viendraient à se désincarner.

Les Causes

INCONSCIENCE

1) Qu'est ce que le suicide inconscient ?

Le suicide inconscient (ou indirect) c'est quand la personne n'a pas conscience que certains de ses comportements ainsi que sa façon de vivre, ses habitudes et ses coutumes, peuvent compliquer et même abréger son existence.

2) Pouvez-vous nous donner un exemple ?

Il y en a de nombreux à commencer par les vices. La cigarette provoque le cancer du poumon, l'emphysème pulmonaire, l'infarctus ; l'alcool « cuit » le foie ; les drogues détruisent le cerveau ; la gourmandise produit l'obésité qui à son tour surcharge le corps. C'est pour cela que rares sont ceux qui vivent intégralement le temps de vie que Dieu leur a concédé.

3) Est ce que celui qui mange trop est en train de se tuer ?

C'est la Médecine qui le dit. L'excès de poids surcharge le cœur et favorise le diabète, les cardiopathies, les troubles circulatoires. La liste est immense. Il ne s'agit pas seulement de la quantité mais de la qualité de la nourriture. La mauvaise alimentation additionne les toxines dans le corps physique et retire à l'esprit, du temps à son corps sur Terre.

4) Et le Karma, que devient t-il ?

Dans ce cas, le karma c'est de naître avec un handicap mental ou physique ou avec une maladie congénitale. La majorité des problèmes qui abrègent notre existence, viennent du mauvais usage que nous faisons de notre corps, cette merveilleuse machine que Dieu nous a accordée afin de vivre nos expériences humaines. Mais les gens oublient qu'elle exige de l'attention pour sa manipulation et pour son utilisation.

5) Alors, sauf rares exceptions, sommes nous tous des suicidés inconscients ?

Parfaitement ! Dans la vie humaine, il y a ce que les médecins appellent "les facteurs à risques", tel l'héritage génétique qui favorise une faible résistance organique en face de certaines maladies. Mais le plus grand facteur de risque est notre façon de vivre. Nous passons notre vie à maltraiter notre corps et nous finissons par nous y faire expulser, telle une maison qui s'écroule parce que son propriétaire a négligé sa conservation.

6) Dans le Monde des Esprits, la situation de ceux qui se sont désincarnés pour avoir maltraité leur corps, est-elle la même que celle de ceux qui le font consciemment ?

Non, car ils n'ont pas eu l'intention de se tuer, mais ils seront toutefois confrontés à de sérieux problèmes d'adaptation. Ils partent avant l'heure prévue et gardent une attache très forte aux vices et aux situations matérielles de leur vie sur Terre. C'est tel un ballon de gaz qui n'arrive pas a quitter le sol.

7) Ceux qui étaient attachés à un vice, continuent-ils à avoir besoin de le satisfaire ?

Il n'y a pas que les conditionnements du corps physique, il y a aussi ceux du périsprit. Donc, ils continuent à éprouver le besoin de consommer des drogues, cigarettes, alcools... Il y a aussi ceux qui choisissent l'obsession et qui se lient psychiquement à d'autres esprits incarnés, dépendants comme eux. Ils les poussent à chercher la substance qui leur manque pour se satisfaire par leur intermédiaire, rendant difficile la guérison tantôt de l'esprit désincarné, tantôt de l'esprit incarné. L'obsédé a toujours des partenaires invisibles, intéressés à soutenir son vice, visant leur propre intérêt.

8) Le suicidé inconscient, aura-t-il, dans une vie future, les séquelles que subissent les suicidés conscients ?

Il vivra les conséquences de son comportement. Le fumeur aura des faiblesses au niveau du poumon ; l'alcoolique souffrira du foie et le drogué aura des problèmes au niveau du cerveau ; le glouton aura des troubles hormonaux. Tous ces dérangements organiques, résultats de leurs excès, jouent un rôle de contention, destiné à freiner et à éliminer leurs tendances et leurs vices encore latents.

Les Causes

IMPRUDENCE

1) L'imprudence lors de la conduite de véhicules tue dans le monde de milliers de personnes. Peut-on la considérer comme une sorte de suicide inconscient ?

L'imprudence est responsable non seulement des résultats de la mauvaise conduite d'un véhicule, mais aussi de toute mort, quelle que soit la circonstance qu'elle provoque. Quand, dans notre parcours sur Terre, nous ne respectons pas les règles de la Vie, nous sommes responsables de ce qui peut nous arriver ainsi qu'à d'autres, dont la mort prématurée inclue, avec des conséquences funestes.

2) Ce genre de mort, a-t-il quelque chose à voir avec le karma ?

Chico Xavier dit que le « karma de l'imprudence »

est payé immédiatement. Il serait effectivement la conséquence d'un acte du passé, mais d'un passé si proche que l'on pourrait le mesurer en secondes : le dépassement audacieux d'un véhicule, un « concours » pour voir qui boit le plus, et de nombreuses autres situations dans lesquelles, consciemment ou inconsciemment on prétend défier la mort.

3) *Et que se passe-t-il pour les gens qui voyagent avec un conducteur imprudent et qui meurent à cause de lui ?*

Ils seront reçus dans le Monde Spirituel en tant que victimes, sans les problèmes inhérents au conducteur. Celui-ci se trouve en situation très délicate, responsable de son suicide inconscient et aussi « d'homicide involontaire» selon l'expression juridique. Il n'a pas eu l'intension de tuer, mais à cause de son imprudence, il est responsable de la mort de ces personnes et pour cela il répondra devant la loi divine.

4) *Cela nous fait peur de savoir que l'on peut mourir par l'imprudence d'autrui...*

Vivre sur Terre est un risque. Il y a la fragilité de notre corps, puis nous subissons les conséquences des actions imprudentes et agressives d'autrui. Il suffit de regarder les gens qui meurent dans des luttes armées, des explosions de haine, des attentats terroristes, des cambriolages...Rien de cela «n'était écrit».

5) *Pouvons-nous dire que toute mort par accident est la conséquence d'une imprudence et qu'elle n'était donc pas programmée ?*

Nous ne devons pas généraliser. Il peut arriver qu'une personne ait une attitude imprudente, un moment d'inattention par la force des choses, car cela fait partie de son karma et qu'elle doit passer par cette expérience.

6) *Et que se passe-t-il quand il y a intention de tuer? Par exemple, dans le cas d'un assassinat, pouvons nous affirmer que l'heure de payer sa dette karmique est arrivée à une victime si dans une vie précédente elle a, à son tour, assassiné quelqu'un ?*

Non. Personne ne tue quelqu'un au nom de la Justice Divine. Si l'on considérait ceci possible, tout assassin devrait mourir assassiné, ce qui serait la perpétuation de l'acte d'assassiner.

7) *Que dire au sujet des gens qui exercent des métiers à hauts risques tels que les pilotes de courses ? Peut-on les considérer comme des*

suicidés inconscients s'ils meurent dans un accident ?

Seulement s'ils agissent imprudemment, ce qui est rare. Normalement, les professionnels qui exercent des métiers à hauts risques, disposent d'un matériel de sécurité très performant. Il est plus facile de mourir dans un accident de la circulation ou sur la route que dans l'exercice de ces métiers.

8) *Que pouvons-nous faire pour éviter une mort « non programmée » ?*

Suivre l'enseignement de Jésus : « Soyez donc prudents comme les serpents et innocents comme les colombes » (Mathieu, 10:16). La prudence favorise la sécurité sur Terre. La mansuétude garantit la protection du ciel.

Les Causes

L'ENNUI

1) Avez-vous maintenu des contacts avec des suicidés désincarnés ?

Très fréquemment. Comme je l'ai déjà dit, il y en a un nombre bien supérieur à ce que l'on suppose. De nombreuses personnes liées aux suicidés, déclarent leur mort naturelle ou par accident pour percevoir une assurance-vie ou pour éviter des situations contraignantes pour la famille. Il y a dans la littérature spirite plusieurs cas qui nous servent d'exemple.

2) Quel est le motif de suicide le plus banal dont vous avez pris connaissance ?

J'ai eu l'occasion de discuter avec un jeune homme qui avait tenté de se suicider en avalant une dose substantielle de somnifère. Il a été secouru à temps et se trouvait à l'hôpital en convalescence, quand nous

nous sommes rencontrés. Je lui ai posé plusieurs questions : Vous êtes-vous disputé avec votre petite amie, ou avec vos parents ? Êtes-vous au chômage ? Êtes-vous atteint d'une grave maladie ? Il m'a répondu qu'il ne s'agissait de rien de tout cela. Simplement, il s'ennuyait dans sa vie !

3) Appartenait-il à une religion ?

Il était ce que l'on appelle un « croyant non pratiquant », qui ne participe à aucune activité en rapport avec sa croyance, donc, religieux par tradition et matérialiste de par de son comportement. Cette sensation de vide sans aucune cause objective et évidente, est typique des personnes qui n'ont aucun idéal de vie, aucun but inspiré par des valeurs liées au Bien et à la Vérité. Elles sont très vulnérables aux influences des Esprits perturbateurs.

4) Pensait-il que la mort était une sorte de plongée dans le néant ?

Exactement. La majorité des personnes, même celles qui se disent religieuses, a une conviction similaire, c'est-à-dire, qu'elle croit vaguement que la vie continue, mais son comportement est celui de quelqu'un qui est persuadé que la vie finit dans la sépulture.

5) Le fait d'être athée par conviction et de ne pas réfléchir à des souffrances futures, peut-il être un facteur atténuant pour le suicide ?

Ceci peut être un facteur atténuant mais pas une justification.

Dans le « Ciel et l'Enfer », Allan Kardec parle d'un athée qui s'est tué à cause de l'ennui qu'il éprouvait dans sa vie sans espoir. Dans le Monde Spirituel, il a pris conscience que le néant n'existait pas et il se sentait comme dans un brasier moral et horriblement tourmenté.

6) L'athéisme peut-il être une expiation ?

Oui, malgré son association à une faible évolution morale de l'Esprit. La conscience de la présence de Dieu étant une caractéristique de l'Esprit évolué. Dans le cas cité par Kardec, l'Esprit a avoué que, dans une précédente existence, il a été un homme méchant et que pour cela il a mérité une incarnation de tourments et d'incertitudes.

7) Comment peut-on devenir athée, si l'on part du principe qu'il n'y a pas d'effet sans cause, que l'Univers est un effet si intelligent qui transcende les limites de la compréhension humaine, et que nous sommes donc, naturellement, amenés à admettre un Créateur ?

Kardec, à nouveau, dans le « Ciel et l'Enfer », se demande comment la présence de matérialistes sur Terre est possible, sachant qu'entre deux vies, il y a toujours une période dans le Monde des Esprits et que de ce fait ceux-ci devraient en avoir l'intuition. Or c'est, lui disent les guides, justement cette intuition que ces Esprits plein d'orgueil et sans repentance de leurs fautes, n'ont pas. Pour eux, l'épreuve consiste, pendant toute leur vie corporelle et aux prix d'efforts, à l'acquisition de la preuve de l'existence de Dieu et de la vie future. Mais dans de nombreux cas, leur présomption à ne rien admettre les absorbe. Pour cela, ils souffrent jusqu'à dompter leur orgueil et à se rendre à l'évidence.

8) Un esprit, peut-t-il conserver son incrédulité même devant les évidences de la vie spirituelle ?

On dit qu'à celui qui croit, aucune preuve n'est nécessaire et à qu'à celui qui ne croit pas, aucune preuve n'est suffisante. Même à cet Esprit dont nous parle Kardec, quand on lui demande s'il est convaincu de l'existence de Dieu, il répond : « ah ! Tout cela me tourmente beaucoup ! ». Il est comme un aveugle que la lumière gène. Donc, il vaut mieux étudier ce sujet sur Terre ainsi nous serons préservés des idées négatives et ne serons pas confrontés plus tard à ce genre de problèmes.

Les Causes

LES JEUNES

1) A quoi doit-on attribuer l'augmentation du suicide chez les jeunes ?

Les jeunes vivent une grande insécurité par rapport à leurs études, à leurs activités professionnelles, à leur vie affective… Dans notre monde actuel, la situation est encore pire à cause de la difficulté de choisir un métier, de la précarité du marché du travail et de leurs relations affectives assez déstabilisantes dues à leur confusion entre liberté sexuelle et libertinage.

2) L'esprit candidat à la réincarnation, se prépare-t-il de façon efficace pour être confronté aux difficultés qu'il trouvera sur son chemin ?

Celui qui se réincarne avec une situation bien définie par rapport à sa vie professionnelle et sociale aura plus d'assurance. Il sait ce qu'il veut et il est prêt pour lutter pour son avenir. Le problème se trouve chez ceux qui arrivent sans une « programmation » aussi méticuleuse car devant les défis existentiels, ils se sentiront perdus.

3) Sommes-nous devant une situation de discrimination, si l'on considère que certains arrivent sur Terre mieux préparés que d'autres ?

Il ne s'agit pas de préférence mais de compétence. Des Esprits plus matures permettent cette programmation. Cependant, la majorité des Esprits qui se réincarne, ne présente pas les conditions minimales pour répondre à un programme de vie plus défini. Ce serait la même chose que de vouloir établir des objectifs de vie pour un nourrisson. Il ne ferait pas ce que nous attendons de lui. D'abord, il faut qu'il grandisse, qu'il se développe et qu'il mûrisse.

4) Est-ce que cela ne veut pas dire que l'on est en train de laisser cet Esprit livré à lui-même et ainsi favoriser, dans l'avenir, une décision de fuite ?

Les parents peuvent ne pas programmer dès la petite enfance l'avenir de leurs enfants, mais pourtant, ils s'en occupent. Ils les soutiennent pour qu'ils puissent se développer dans de bonnes conditions jusqu'à ce qu'ils atteignent leur maturité et assument leurs responsabilités.

5) *Pouvons-nous affirmer le fait qu'un jeune immature se réincarne sans objectif de vie bien défini, est un facteur atténuant au cas où il en viendrait à commettre le suicide ?*

Peut-être, mais il ne sera pas libéré des souffrances dues à son suicide, au niveau du périsprit. Disons que le fait qu'il soit « impubère » ne l'enverra pas en « prison » mais il subira les conséquences de son acte. Si un enfant utilisant une arme à feu tire sur lui-même, il n'ira pas en prison mais à l'hôpital.

6) *Pouvons-nous insérer dans ces cas, l'influence obsessive ?*

Sans aucun doute ! Elle est présente dans toutes les étapes de la vie, touchant même les enfants qui sous son influence peuvent avoir des idées suicidaires.

7) *Il est bouleversant de penser que même des enfants innocents vivent ce genre de problèmes...*

Nous voyons l'enfant innocent, dépendant, faible, mais nous ne voyons pas son Esprit avec ses expériences des vies antérieures, ses erreurs, ses vices, ses compromis. Ils sont l'origine de la présence de ces ennemis implacables prêts dans le présent à se venger du passé.

8) Que doivent faire les parents pour préserver leurs enfants de ces situations si compromettantes ?

La première chose à faire est de lutter pour la stabilité du foyer familial. Puis, créer une ambiance de paix et de convivialité qui favorisera l'action des bons Esprits et neutralisera les mauvaises influences. Parallèlement, cultiver la connaissance de la Doctrine Spirite dès l'enfance, pour qu'ils puissent apprendre à solutionner leurs problèmes sans la tentation de la fugue.

Les Causes

LA GENETIQUE

1) Des chercheurs américains ont réussi à établir une relation directe entre la tendance au suicide et les bas niveaux de sérotonine dans le cerveau. La sérotonine est la substance responsable de la sensation de bien être. S'agit-il de la négation de la thèse spirite qui affirme que ces tendances viennent de l'Esprit lui-même et des influences spirituelles néfastes qu'il peut recevoir ?

Etant donné que le périsprit est l'agent organisateur biologique et qu'il régit les phénomènes physiques, nous pouvons dire que les niveaux de sérotonine dans le cerveau n'obéissent pas à de simples facteurs héréditaires mais surtout à la condition spirituelle du sujet.

2) Et que deviennent les lois héréditaires ?

Elles fonctionnent parfaitement pour la couleur des yeux, de la peau, pour la structure des os, etc. Mais en ce qui concerne les détails de santé ou d'infirmité, des limitations ou des protubérances physiques, cela dépend de l'Esprit.

3) S'agit-il de quelque chose de programmée ?

Cela se peut, mais même s'il n'y a pas de programmation, certaines caractéristiques sont « imprimées dans le corps physique », en accord avec les lois de l'automatisme psycho biologique, dans le but de répondre aux besoins d'évolution de l'Esprit qui se réincarne.

4) En ce qui concerne la variation de production de sérotonine dans le cerveau qui provoque, une sensation d'instabilité du bien-être, pouvons-nous dire que cette instabilité dépend des facteurs physiques qui interviennent dans la formation du cerveau ?

Cela dépend. Il faut aussi considérer que ces facteurs n'apparaissent pas à partir des compositions génétiques aléatoires, mais plutôt de la condition de l'Esprit qui se réincarne, de son passé et de ses expériences vécues.

5) Prenons l'exemple d'un Esprit qui porte en lui des perturbations provoquant une absence d'initiative, une tendance à l'accommodation...

Il va favoriser la formation d'une structure cérébrale avec un bas niveau de production de sérotonine. Et ceci, non pas à cause de facteurs génétiques aléatoires mais par la faute de facteurs spirituels : il subit sa condition d'héritier (de lui-même) et de son passé. Le niveau de sérotonine est toujours la conséquence de son comportement dans le passé et jamais à cause de sa conduite dans sa vie actuelle ou de sa vocation au suicide.

6) Que dire des familles où l'on constate des cas de suicides dans plusieurs générations ? Y a-t-il une influence génétique ?

Il y a une affinité spirituelle. Des Esprits qui ont ce penchant et qui se retrouvent ensemble sur Terre pour des expériences rédemptrices, gardent cette tendance de fuite. Il se passe de même dans une famille où durant plusieurs générations, des artistes naissent, réunis non par la loi de l'héritage physiologique mais par l'affinité artistique.

7) Est-ce qu'il sera possible à l'individu qui naît avec un taux très bas de sérotonine favorisant les idées d'auto destruction, de renverser cette situation ?

Dieu nous donne le libre arbitre qui nous permet de changer les conditions de notre vie, et surtout, qui nous fait prendre conscience que personne n'est né pour se suicider. Pour pallier aux bas niveaux de sérotonine dans le cerveau, il existe des traitements médicaux avec de bons résultats, si le patient est conscient qu'il est en train de traiter seulement l'effet. Mais, il doit aussi s'attaquer aux causes qui viennent de l'Esprit en cherchant à vivre une existence active, fondée sur les valeurs du Bien et de la Vérité.

8) Que se passe t'il pour l'individu, qui à cause du manque de sérotonine, se suicide à nouveau ? Cela est-il pour lui un facteur atténuant ?

Cela peut être un facteur atténuant d'un côté, mais de l'autre, aggravant pour ne pas avoir réalisé d'effort pour changer la situation. En fin de compte, il ne s'est pas réincarné avec le «Karma du suicide» mais avec le but de vaincre ses tendances inférieures.

Les Causes

EUTHANASIE

1) Comment devons nous considérer l'euthanasie, que l'on appelle aussi la mort douce (ou en douceur) appliquée à des patients atteints d'une maladie grave ou incurable ?

Il s'agit d'un assassinat et ceux qui le pratiquent répondront devant la loi divine. « Tu ne tueras point » est le cinquième commandement de la Loi Divine reçue par Moïse au Sinaï (Exode, 20:13) dans laquelle est écrit tout ce que l'Homme ne doit pas faire.

2) Mais ne s'agit-il pas d'un acte de miséricorde ?

La miséricorde nous suggère d'amoindrir la souffrance du malade et non l'élimination de celui-ci. L'euthanasie concède cette décision, de compétence divine, aux médecins ou à la famille. La vie est un don divin qui ne peut pas répondre aux convenances et aux caprices humains. Le Seigneur nous a mis sur Terre et c'est à Lui de décider quand nous devons la quitter.

3) Quel est le destin dans le Monde Spirituel de celui qui subit l'euthanasie dont l'initiative est prise par la famille ou des médecins ?

D'une manière générale, cette mort est provoquée par l'injection de fortes doses d'anesthésique paralysant le système respiratoire. L'Esprit, après ce genre de désincarnation, a beaucoup de difficultés pour reprendre conscience, et en plus, il perd l'occasion de l'épuration spirituelle offerte par les longues maladies, comme un authentique « traitement de beauté pour l'âme ».

4) Et si l'initiative provient du malade lui-même ?

Alors, sa situation est beaucoup plus grave car il s'agit d'un suicide : il fuit une épreuve qu'il a sûrement choisie avant de se réincarner.

5) Et pourtant, il y a des malades atteints de graves handicaps physiques, irrémédiablement attachés à leur lit, tels les tétraplégiques qui demandent à la justice le droit de pratiquer l'euthanasie. Que se passe-t-il quand les tribunaux l'autorisent ?

Il s'agit d'une pensée matérialiste inconcevable avec la théorie de la continuité de la vie dans le Monde Spirituel où nous rendons compte de notre vie sur Terre, ainsi que de notre mort.

6) Que dire de certains pays qui ont mis en vigueur une législation qui autorise l'euthanasie ?

Au fur et à mesure que les communautés évoluent, la législation humaine tend à s'approcher de la Législation Divine, qui, en accord avec les enseignements de Jésus exhorte le respect de la vie. Si une société s'éloigne de l'Evangile, elle agit en sens contraire du processus en provoquant de funestes conséquences. Les législateurs qui ont autorisé l'euthanasie, les médecins qui la pratiquent, les familles qui l'approuvent et les malades qui la demandent, auront tous leur part de responsabilité et répondront pour cela.

7) Il y a des malades qui se sentent dans les limites de leurs forces et qui demandent à Dieu de mettre fin à leurs souffrances. Est-ce qu'il y a du mal dans cette façon de procéder ?

Ils font partie de ceux qui n'acceptent pas la volonté de Dieu qui fonctionne toujours en notre bénéfice. S'ils avaient l'idée de ce que représente la souffrance vécue avec patience et confiance dans le domaine spirituel et pour la vie future, ils n'agiraient pas de cette façon, qui au lieu d'apaiser leurs souffrances, les accentuent.

8) Si le patient en phase terminale est en vie parce qu'il est branché à des appareils qui ne font qu'augmenter sa souffrance, est-il condamnable de le débrancher ?

Ce cas est différent. Si l'heure du malade est arrivée il n y a pas de raison de le retenir. Les médecins toujours prêts à préserver la vie doivent comprendre qu'il y a aussi certains patients qui vont préférer mourir dans la dignité, dans la chaleur de leur foyer, entourés de leur famille et non dans la froideur d'un hôpital. Nous avons eu l'exemple du Pape Jean Paul II, qui aurait pu prolonger son existence pendant des jours ou même des semaines, branché à des appareils à l'hôpital, mais qui a préféré attendre son départ pour le Monde Spirituel, dans sa chambre au Vatican.

Les Causes

FUITE OU DEFENSE ?

1) Un immeuble prend feu. Avant qu'arrivent les secours, certaines personnes sautent de grandes hauteurs pour essayer d'échapper aux flammes, provocant leur mort. Pouvons nous considérer cet acte comme un suicide ?

Non, parce qu'il n'y a pas eu l'intention d'autodestruction. Il s'agit d'un geste instinctif de défense. Dans un incendie la température peut monter à 1000 degrés centigrades. Si l'on considère que l'eau boue à 100 centigrades, on peut comprendre le désespoir de ceux qui sautent pour échapper à l'insupportable.

2) Quelle est leur situation après la mort ?

Ils sont considérés comme des accidentés. Ils

reçoivent, très rapidement, du secours et sont amenés dans un hôpital de la Spiritualité spécialisé dans ce genre d'accueil.

3) Leur périsprit est-t-il abîmé ?

La mort violente a toujours une répercussion sur le périsprit, mais rien qui puisse être comparable aux conséquences néfastes que lui inflige le suicide. Il s'agit plutôt de « petites blessures » qui ne laissent pas de séquelles dès lors que l'Esprit prend conscience de sa nouvelle situation et s'intègre dans la vie spirituelle.

4) Si l'on considère que la mort dans un incendie peut être karmique, c'est-à-dire, quelque chose que l'individu doit vivre, pouvons nous considérer son acte comme une fuite ?

Qui peut nous affirmer que son karma était de mourir dévoré par les flammes ? Pourquoi son karma ne serait-il pas de tomber d'une grande hauteur ? Une autre hypothèse serait celle que l'on est simplement devant une contingence de l'existence humaine.

5) Pouvons-nous vivre une telle éventualité sans la mériter ?

Imaginons un individu qui purge sa peine dans une prison où l'ambiance est particulièrement mauvaise, car il est entouré des prisonniers très dangereux. Il pourrait être agressé, subir des sévices et même être tué. Rien de cela ne ferait partie de sa peine, mais cela se passerait, simplement parce qu'il s'y trouve. La même chose se passe dans notre existence humaine. Le karma est de vivre sur Terre, le reste en résulte.

6) Comment peut-on éviter ces événements non programmés qui ont un rapport avec les contingences de la vie sur Terre ?

Jésus nous offre l'orientation parfaite : la prière et la vigilance. Il nous faut être attentifs en gardant la prudence et en exerçant la prière. De nombreux malheurs seraient évités si nous étions syntonisés avec nos guides spirituels, qui sont toujours prêts à préserver notre intégrité.

7) Pouvons-nous en conclure qu'il y a des personnes éloignées de tout danger ? Comment cela se justifie-t'il ? Ont-elles une bonne syntonie. Ont-elles du mérite ?

Nous rentrons ici dans le domaine de l'impondérable. Ces hypothèses comme bien d'autres peuvent être envisageables. Shakespeare disait qu'il y a beaucoup plus de choses entre le Ciel et la Terre que ne puisse concevoir notre vaine connaissance.

8) La récupération de ceux qui se désincarnent dans de telles situations est-elle rapide ?

A l'exception du suicidé dont le « post-mortem » est toujours douloureux, ce qui va compter ce n'est pas comment la mort nous a pris, mais comment nous étions en train de la vivre. Une personne peut périr tragiquement et retrouver son équilibre assez rapidement, tandis qu'une autre peut mourir d'une longue maladie et trouver dans l'au-delà beaucoup de difficultés à se rétablir spirituellement.

L'Aide

EN LEUR FAVEUR

1) La Doctrine Spirite nous a révélé les souffrances des suicidés dans le Monde Spirituel. Que peuvent faire pour eux leur famille et leurs amis ?

D'abord et avant tout, il faut savoir que les suicidés ne perdent pas leur filiation divine et qu'ils ne sont pas destinés aux peines éternelles dans des régions infernales. Dieu est présent auprès d'eux par l'intermédiaire des messagers du Bien qui les veillent et les soutiennent, même si dans leurs immenses tourments ils ne s'en rendent pas compte. Puis, nous devons comprendre qu'ils apprennent une leçon rude et nécessaire : il est inutile et très compromettant d'attenter à son existence et, nous sommes des êtres immortels, qui fatalement, récolterons les conséquences de nos actes.

2) En plus d'avoir confiance en Dieu, y a-t-il quelque chose à faire ?

Il est indispensable de cesser le flux des mauvais souvenirs. Arrêter de projeter dans « l'écran mental » les images et les circonstances qui sont en rapport avec le suicide. Par exemple, si l'individu s'est donné la mort par incinération, éviter de le voir se débattre contre les flammes qui le dévorent. Interposer entre le suicidé, sa famille et ses amis, la figure de Jésus et demander Sa protection.

3) Est-ce qu'il subsiste une quelconque relation avec la situation du suicidé ?

Comme cela se passe avec tous ceux qui viennent de se désincarner, le suicidé reste psychiquement lié à sa famille et à ses amis. Il est très touché par la nature de leurs pensées et par leurs émotions. Celles-ci, peuvent apaiser ou exacerber ses souffrances.

4) Cette attitude mentale, n'est-elle pas trop difficile pour la famille encore sous l'impact de ce qu'elle a subi ? N'est-il pas normal d'avoir toujours ces souvenirs ?

Sans aucun doute, mais devant la mort et surtout lorsqu'il s'agit d'un suicide, nous devons penser à celui qui est parti, à ses difficultés, à ses souffrances. Il est fortement conseillé de taire ses plaintes et d'éviter des questionnements perturbateurs, pour le délivrer de cette charge additionnelle qui sont nos tristesses et nos amertumes sur son fardeau de culpabilité.

5) *La prière, peut-elle aider ?*

C'est le meilleur remède. Les Esprits qui se sont suicidés disent que la prière est le réconfort de leur âme. Quand nous leurs adressons nos prières, elles procurent un doux apaisement à leur Esprit. Leurs douleurs deviennent moins intenses et leurs remords moins abrasifs.

6) *Et que pouvons-nous faire encore ?*

Pratiquer le Bien en faveur de nos prochains. Donner de l'attention aux pauvres et aux malheureux de toutes sortes en leur nom, et si possible en nous disposant à participer à des activités dans des institutions qui développent déjà ce genre de travail, où nous serons plus efficaces. Nos gestes fraternels seront des lumières qui éclaireront leurs chemins, apaisant et diminuant leurs souffrances.

7) *Que peut faire le Centre Spirite pour les suicidés ?*

Plusieurs moyens doivent être appliqués. Il y a le

travail de vibrations dans les réunions médiumniques, où le groupe se concentre sur ces esprits et leur adresse des pensées d'amour. Dans ces réunions, il y a la possibilité de les laisser se manifester par l'intermédiaire d'un médium, ce qui pour eux a l'effet d'un médicament puissant qui les revitalise et qui calme leurs douleurs. Au Centre Spirite, la famille reçoit les orientations dont elle a besoin pour changer sa vision du douloureux événement et pour s'habituer à aider de façon effective, l'être aimé qu'elle vient de perdre.

8) Comment obtenir l'aide d'un Centre Spirite ?

Certains Centres Spirites possèdent une permanence « accueil fraternel ». Les familles intéressées peuvent prendre contact avec ce service qui agira selon le besoin de chacun.

L'Aide

LES REUNIONS MEDIUMNIQUES

1) Y a-t-il souvent des manifestations d'esprits de suicidés dans les réunions médiumniques ?

Oui et pour eux c'est très bénéfique. Mais il faut qu'il y ait des médiums capables de supporter leur charge de vibrations déséquilibrées et pleines d'amertume, et que ceux-ci soient intégrés dans un groupe bien harmonieux, dont les participants sont bien conscients et responsables du travail qu'ils réalisent. Les vibrations et les émotions qui émanent du suicidé sont très fortes, donc, ce travail ne peut pas être réalisé dans n'importe quel groupe médiumnique.

2) Est-ce que le médium ressent les sensations de l'Esprit ?

Pas dans la même intensité, car il lui serait

impossible de maintenir la communication avec l'Esprit. Il ressent un peu de ses tourments et de ses angoisses et ce genre de manifestations ne lui est possible que s'il est préparé pour le pratiquer et s'il est soutenu par le groupe.

3) Tous les suicidés peuvent-ils se communiquer ?

Ce serait très bien, mais ceci est infaisable. Il n'y a pas un nombre suffisant en quantité et en qualité de réunions médiumniques pour répondre à la demande. Et puis, tous les suicidés ne peuvent pas se communiquer. La majorité demeure pendant un long temps dans les régions sombres du Monde Spirituel à cause de leur état de déséquilibre et de leur teneur vibratoire, mais ils sont toujours sous la protection des Esprits bienveillants qui attendent le moment adéquat pour leur apporter de l'aide.

4) En quoi leur manifestation dans une réunion médiumnique peut-elle leur être bénéfique ?

Le suicidé vit dans l'au-delà, tel un somnambule, sans être conscient de sa situation. Le contact avec les énergies du groupe et du médium le revitalise et le réveille, tel un agonisant souffrant d'une anémie profonde et qui reçoit une transfusion sanguine. C'est à partir de ce moment, qu'il acquière des conditions pour établir un dialogue.

5) Y a-t-il des groupes médiumniques spécialisés dans le travail avec des suicidés ?

Ce serait l'idéal de monter des groupes avec des personnes conscientes et des médiums responsables, qui connaissent bien le problème du suicide. Nonobstant, dans des situations d'urgence, des groupes médiumniques harmonieux avec des médiums expérimentés, peuvent apporter une collaboration bénéfique à ces Esprits.

6) Est-ce que vous participez à des réunions où ce genre de manifestations peut avoir lieu ?

Oui, et j'ai déjà eu l'occasion de dialoguer avec plusieurs esprits. Une fois, j'ai discuté avec une jeune fille qui s'est tuée en se noyant. Elle revivait continuellement, comme cela se passe d'ailleurs avec tous les suicidés, le tableau dramatique de sa mort. C'est la plus grande difficulté qu'ils éprouvent : enlever de leur « écran mental » ce film d'horreur qui consiste à répéter incessamment le même scénario dantesque.

7) Quelle a été votre conversation avec cet Esprit ?

Comme nous avons dit, les suicidés demeurent extrêmement tourmentés par le souvenir de leur mort. A nous de leur offrir les conditions requises pour qu'ils puissent s'apaiser et se « recomposer », en leur évitant toute critique ou tout reproche. Afin de leur apporter une aide effective, le groupe doit en plus d'un dialogue accueillant, leur adresser des vibrations de tendresse et d'amour fraternel. Il est possible qu'une seule intervention ne suffise pas à ces Esprits, car ce travail peut être long. Ils reviendront d'autres fois se manifester au sein du groupe, toujours soutenus par des guides spirituels et par des membres de leur famille, déjà désincarnés.

8) S'en vont-ils dans de meilleures conditions ?

Oui, surtout quand nous arrivons à leur faire utiliser la prière. Face à leur désespoir et à leur extrême agitation, ils éprouvent une immense difficulté à élever leurs pensées en prière. Quand ils y arrivent, les résultats sont très prometteurs.

L'Aide

LES ANGES GARDIENS

1) Selon les conceptions théologiques millénaires, tout être humain possède un ange gardien. Que nous dit le Spiritisme à ce sujet ?

Nous comptons selon la terminologie spirite, sur un ou plusieurs « mentors » ou guides. Ils font partie de notre famille spirituelle, sont très proches de notre cœur. Ils nous protègent et nous inspirent tout au long de notre vie. Cette réalité est exprimée depuis des temps très reculés, dans toutes les cultures et traditions.

2) Pouvons-nous dire que lorsque quelqu'un se suicide, il s'agit d'un échec pour ses guides ?

Ils ne sont ni des nourrices s'occupant d'enfants ni des gardes de corps responsables de la sécurité de quelqu'un. Ils nous orientent, nous inspirent et essayent de nous montrer le meilleur chemin à parcourir. Ils cherchent surtout à nous faire partir de la tête l'idée du suicide, quand on se laisse dominer par la trompeuse supposition qu'il serait mieux de mourir...

3) Pourquoi, par la force de leur inspiration n'arrivent-ils pas à éviter que leurs protégés commettent le suicide ?

Quand l'individu commence à penser au suicide, il rentre dans une sorte de court-circuit mental, une perturbation intime qui le rend imperméable à toute aide spirituelle.

4) N'arrive-t-il plus à capter les pensées de son guide ?

Exactement ! Nous ne pouvons pas oublier que nos rapports avec les Esprits obéissent au facteur syntonie, déterminés par la nature de nos sentiments et nos pensées. Celui qui réfléchit pour se tuer est ouvert aux influences des Esprits perturbateurs, qui profitent de cette « brèche » de ses défenses spirituelles pour s'y installer et lui suggérer des pensées funestes.

5) Peut-on en déduire que les Esprits amis ne peuvent rien faire pour leurs protégés ?

Si ! Et ils le font par l'intermédiaire des personnes proches du candidat au suicide. Supposons un ami enfermé chez lui dans l'imminence d'attenter à sa vie. Ses guides peuvent nous inspirer l'idée de lui rendre visite. Parfois, un simple contact, un mot, un geste de solidarité, peuvent le faire changer d'idée, favorisant un terrain propice à une aide spirituelle plus effective.

6) Est-ce que cela se passe fréquemment ?

Oui, et le nombre de suicides serait beaucoup plus élevé s'il n'y avait pas l'action de ces amis spirituels. Ils font tout pour préserver notre intégrité morale et physique, et portent leur secours non seulement aux candidats au suicide, mais à tous ceux qui sont confrontés à des privations, à des problèmes, à des maladies et à des difficultés.

7) Est-ce qu'il peut y avoir des cas où ces bons Esprits ne trouvent pas de personne de bonne volonté pour intervenir et empêcher l'action ?

Malheureusement cela se passe fréquemment. Rares sont ceux qui ont leurs « antennes branchées » prêtes à la pratique de la fraternité. Je me souviens du cas d'un homme à qui un dimanche après midi, en rentrant dans son immeuble, est venue à l'esprit l'image d'un jeune homme, son voisin, qui vivait seul. Il a ressenti un fort désir de lui rendre visite car il savait qu'en cette période ce jeune homme avait des problèmes. Nonobstant, il a préféré rentrer chez lui et aller dormir. Le lendemain, il a appris que le jeune homme s'était suicidé. Le désir de lui rendre visite était né de l'inspiration des guides spirituels mais il l'a refusé.

8) Pouvons-nous le culpabiliser ou le responsabiliser de cette tragédie ?

Bien sur que non, car il n'était même pas conscient de ce qui se passait et il n'a exercé aucune influence sur le suicidé. Il s'agit seulement d'un exemple des difficultés auxquelles les bons Esprits sont confrontés quand ils se disposent à porter secours à quelqu'un par l'intermédiaire d'une personne incarnée. Ils trouvent difficilement des personnes «bien syntonisées» avec des valeurs plus spirituelles et prêtes à répondre aux appels de la solidarité.

La Prévention

LES CERTITUDES

1) Toutes les religions condamnent le suicide et font référence à une souffrance éternelle pour ceux qui le commettent. Et pourtant les gens continuent à le pratiquer. Pourquoi ?

Les religions spéculent encore au sujet de la Vie Spirituelle. Les théologiens ont l'intuition qu'il y aura de la souffrance pour le suicidé mais ils restent dans le vague quant à ses conséquences. Il faut beaucoup plus que de simples suppositions pour convaincre quelqu'un que le suicide est une grande complication pour son Esprit et qu'il n'est pas une solution à ses problèmes.

2) En quoi le Spiritisme peut-il être plus convaincant ?

Par l'intermédiaire des informations qui nous arrivent

du Monde des Esprits sur ce sujet. Dans le livre « Le Ciel et l'Enfer » d'Allan Kardec, nous y trouvons les témoignages de plusieurs esprits qui se sont suicidés. Ils nous parlent de leurs profondes afflictions et de la douloureuse réalité qui les a surpris à commencer par le constat que nous ne mourrons pas, nous nous désincarnons simplement.

3) N'avons-nous pas ici, un problème de foi quand il nous faut croire en ces récits ? Et s'il ne s'agissait que de la fantaisie des médiums ?

Un médium peut « faire de la fantaisie » à ce sujet. Mais que dire quand de nombreux médiums, qui sans se connaître, venus de villes et de pays différents, transmettent et racontent les mêmes expériences vécues par les suicidés dans le Monde Spirituel ? Là, nous quittons le domaine de la fantaisie et nous avons ce que Kardec appelait « l'universalité de l'enseignement » qui va lui accorder de l'authenticité.

4) En ce qui concerne le facteur favorisant le suicide, s'agit-il d'inconscience ou de manque de foi ?

L'insouciance pousse à l'incrédulité. Rien ne servira de dire au candidat au suicide qu'il brûlera dans les flammes de l'enfer pour toute l'éternité, sans rémission de sa peine, car pour sa propre conviction, il s'agit d'une spéculation théologique. Et il lui arrive même de dire que personne n'est revenu de l'Au-delà pour nous confirmer que la vie continue. Le Spiritisme démontre qu'il est possible de dialoguer avec les morts et de recevoir de leur part des informations précises sur ce qui se passe pour les suicidés dans le Monde Spirituel.

5) Lors de vos réunions médiumniques, qu'avez-vous observé dans vos contacts avec les Esprits désincarnés ?

La confirmation de cette universalité d'expériences vécues. Au début, tous se présentent tourmentés, revivant continuellement dans leur conscience, le moment tragique de leur fuite. Puis vient le remord suivi de l'angoisse en vue de l'erreur commise et de la perte de temps.

6) On dirait que le candidat au suicide, même quand il prend connaissance de la vie au-delà de la tombe, ne semble pas convaincu car il finit par se suicider...

Cela n'est pas vrai. Le suicidé est presque toujours quelqu'un qui n'a aucune notion de ce qui l'attend dans l'Au-delà. On dit que ce geste extrême est une combinaison de lâcheté et d'héroïsme : il est un lâche parce qu'il fuit les défis de la Vie et il est un héros parce qu'il va se confronter aux mystères de la mort. La connaissance de ce sujet intervertit le processus : il devient un héros parce qu'il n'a pas peur de se confronter aux défis de la Vie car il sait ce que la mort réserve aux lâches.

7) D'un autre côté, nous pouvons dire que celui qui veut se suicider ne réfléchit pas car s'il réfléchissait, il ne se suiciderait pas...

La mission du Spiritisme est très justement celle de nous faire « réfléchir à la Vie », en prenant conscience que nous ne sommes pas sur Terre en séjours de vacances. Le but de notre passage dans ce Monde est notre évolution. Les souffrances sont des « rachats » de dettes ; les problèmes sont des encouragements à la lutte ; les difficultés sont des défis ; les crises sont des tests qui évaluent notre apprentissage. L'ensemble représente les opportunités bénies offertes par Dieu, en faveur de notre croissance en tant qu'Esprits immortels.

8) Pouvons-nous affirmer que la grande majorité de notre Humanité vit dans une sorte de « ralenti spirituel » sans avoir aucune idée de la raison de sa vie sur Terre ?

Sans aucun doute. L'idéal serait que nous puissions tous avoir conscience de cela. Nous avancerions plus vite. Néanmoins le cumul d'expériences apporte toujours quelques bénéfices. L'arbre a besoin de grandir avant de fleurir et de fructifier. Nous nous retrouvons tous dans un processus de lente croissance dans le ventre de notre mère Terre.

La Prévention

EXPERIENCE DE MORT IMMINENTE

1) Qu'est ce qu'est « l'expérience de mort imminente » ?

Ce que nos appelons l'EMI, concerne les personnes qui ont subit un arrêt cardiaque configurant la mort. Celles-ci ont été aidées très rapidement par une équipe médicale qui s'est servi de recours tels que l'adrénaline intracardiaque, les électrochocs, la respiration artificielle, et leur coeur s'est remis en route parce que les lésions n'étaient pas grandes. Il y a aussi une question de temps. Il faut que ce sauvetage ait lieu au maximum, quatre minutes après la mort. A partir de cette limite, les cellules cérébrales commencent à dépérir et le processus est irréversible.

2) Est-ce que le patient se souvient de quelque chose après avoir été « ressuscité » et réveillé ?

C'est justement par rapport à ce temps crucial que des recherches sur ce sujet sont réalisées. Raymond A. Moody Jr, médecin américain, dans son livre best seller, « La vie après la vie » raconte ses entretiens avec des dizaines de patients qui ont vécu une mort clinique et qui sont revenues à la vie. Il a amassé des informations sur ce qui leur est arrivé pendant qu'ils étaient morts.

3) Est-ce que tous ces patients avaient des souvenirs ?

Tous n'en avaient pas et certains ont préféré se taire, ayant peur que leur famille considèrent leurs souvenirs comme le résultat d'un trouble mental. Mais ceux qui en avaient et qui se sont exprimés sans crainte, ont parlé d'une expérience inoubliable et de la sensation d'être vivant malgré le fait que leur corps soit mort.

4) Est-ce que tous ces patients avaient les mêmes souvenirs ?

Le Docteur Moody nous dit que malgré la remarquable similitude des récits il n'y en a pas deux qui soient exactement pareils. Cependant, Il y a des points communs tels : le voyage dans un tunnel, l'augmentation de l'acuité sensorielle, le contact avec un être de lumière, l'information que son heure de retour à la vie spirituelle n'est pas encore arrivée et surtout la sensation de flotter au-dessus de son corps physique et d'observer l'effort des médecins pour sauver sa vie.

5) Que pense le corps médical sur à sujet ?

D'une manière générale, entre le matérialisme et le spiritualisme, le corps médical penche vers le premier. Il ne s'intéresse pas aux recherches qui abordent ce sujet et nie, à priori, la possibilité d'une expérience extra corporelle. Ses représentants se limitent à des réflexions sur la possibilité des cellules cérébrales à soutenir la conscience pendant les minutes où le patient est mort, même si les encéphalogrammes démontrent l'inexistence d'activités en elles.

6) Que pense le Spiritisme à ce sujet ?

Déjà au XIXème siècle dans la Codification Spirite, avant même le progrès de la Médecine de nos jours qui permet de ressusciter certains patients, les Esprits nous apportaient des informations sur ce qui se passe au moment de la mort, exactement comme dans les expériences d'EMI.

7) Quelle est la relation entre l'EMI et la problématique du suicide ?

Le Docteur Moody a interviewé des patients qui ont tenté le suicide et qui sont passés par une EMI. Ils ont ressenti des émotions éprouvantes telles une horrible vision de ce qui les attendaient : une expérience si dramatique et si marquante qu'ils pourraient difficilement envisager une nouvelle fuite.

8) L'EMI, serait-elle une solution pour le problème du suicide ?

Sans doute pour ceux qui l'ont vécu. Il est plus raisonnable de chercher à connaître ce sujet car il n'est pas possible de provoquer une EMI sans encourir le risque de ne plus retourner à la vie physique.

La Prévention

THERAPIE DES VIES PASSEES

1) Est-ce que les personnes tourmentées par des problèmes physiques et spirituels issus de leurs expériences malheureuses du passé, n'auraient pas plus de courage à y être confronter si elles connaissaient leur tragique vécu ?

Nous pouvons inverser la question : est-ce que l'homme compromis par les erreurs et crimes de ses vies antérieures, n'aimerait pas oublier le passé et vivre le présent sans les pressions de sa conscience et de ceux qui ont connu ses actions funestes ? L'oubli, est la grande faveur que Dieu nous concède pour notre réforme intérieure, afin de nous permettre d'être confrontés aux difficultés du présent, sans le poids du passé.

2) Nonobstant, n'est-ce pas frustrant d'être emprisonné sans savoir pourquoi ? Purger une peine en ayant aucune notion du crime que l'on a commis ?

La justice humaine, n'offre d'opportunité de réhabilitation que si le condamné a accompli sa peine. La justice divine est plus généreuse. Elle nous offre l'occasion de réparation pendant la période où nous purgeons nos peines, en nous faisant bénéficier d'une amnésie en ce qui concerne notre passé. Le condamné sur Terre est toujours, dans le milieu où il vit, considéré comme un criminel. Le « condamné du Ciel » peut toujours vivre en société sans ce stigmate.

3) De toutes façons, n'est-il pas plus intéressant d'avoir une notion plus claire sur ce sujet ?

C'est là que l'on reconnaît l'importance de la Doctrine Spirite. Elle nous fait prendre conscience que tout ce qui nous arrive n'est pas le fruit du hasard et que nos tendances et problèmes du présent sont les conséquences néfastes d'un passé plus ou moins lointain, qui demeure ancré dans notre inconscient, en notre propre faveur.

4) Que dire de la thérapie de vies passées (ou régression de mémoire) où le patient est incité par le thérapeute à revivre ses expériences dans un passé proche, en rapport avec son actuelle existence, ou celles d'un passé lointain, en rapport avec ses vies antérieures ?

Ce recours thérapeutique peut être efficace et a déjà pu aider beaucoup de personnes. Il y a une vaste littérature sur ce sujet avec de remarquables récits de patients qui ont surmonté leurs traumatismes à partir du moment où ils ont pris connaissance de leur origine.
Je me souviens d'un jeune homme qui souffrait d'une si forte claustrophobie, qu'il n'arrivait pas à supporter de rester sous un toit. Soumis à une TVP, il a appris que dans une vie antérieure, il était mort sous des décombres, victime d'un tremblement de terre, après une longue agonie.

> *5) Mais la TVP, ne va-t-elle pas à l'encontre de l'idée spirite qui dit que l'oubli du passé est une nécessité, afin que nous puissions vivre sans nos douloureux et perturbateur souvenirs ?*

La TVP n'a pas pour but de dévoiler le passé de l'individu, mais de lui offrir un « flash » de situations dramatiques qu'il a expérimentées dans ses vies antérieures, pour l'aider à comprendre les raisons de certaines de ses souffrances. En faisant usage d'une mauvaise comparaison : la cocaïne ne doit pas faire partie de nos habitudes, mais elle peut être éventuellement utilisée par un professionnel de la médecine, comme un recours thérapeutique.

> *6) Quelqu'un qui envisage de se tuer peut-il tirer bénéfice d'une TVP ?*

Sans doute. Il peut comprendre que les problèmes qu'il est en train de vivre et qui l'incitent au suicide, découlent de situations mal résolues ou à des drames occultés, et il peut prendre conscience que la fuite va avant tout, lui compliquer son avenir.

7) Est-ce qu'il peut être confronté à une vie antérieure avec une situation de fuite par le suicide ?

Oui et il est conscient qu'il s'agit d'une tendance chez lui qu'il doit surmonter afin de ne pas plonger encore plus bas et d'aggraver ses dettes envers les lois divines.

8) Quelqu'un qui a des idées suicidaires doit-il chercher un spécialiste en TVP ? Si l'on tient compte de sa perturbation, cette rencontre avec le passé peut-elle aggraver son état ?

C'est à la charge du thérapeute de décider si cette régression doit avoir lieu. Cette thérapie doit être pratiquée par un professionnel habilité à la faire, qui s'est préparé d'une façon adéquate et qui a fréquenté des cours de spécialisation.

La Prévention

LE VACCIN

1) Quel est pour vous le livre le plus important de la littérature spirite qui aborde le problème du suicide ?

Sans aucun doute, il s'agit de « Mémoires d'un suicidé » où l'Esprit Camilo Castelo Branco (1825-1890) décrit ses expériences dans le Monde Spirituel. Lorsqu'il se trouve dans l'incapacité de résister à certains problèmes et surtout à la perspective de devenir aveugle. Il se tue d'une balle dans la tête.

2) L'écrivain est-il portugais ?

Oui, et l'un des plus remarquables et célèbres du Portugal. Il est intéressant d'attirer l'attention des lecteurs sur le nom de l'Esprit qui se trouve sur la couverture du livre : Camilo Cândido Botelho. La médium brésilienne, Yvonne A. Pereira (1906-1984), qui a psychographié cette œuvre, avec l'humilité qui la caractérisait, n'a pas voulu apparaître comme l'interprète d'un si illustre écrivain, contrariant le choix de l'auteur spirituel.

3) Parmi beaucoup d'autres livres sur le thème du suicide, pourquoi avez-vous choisi « Mémoires d'un suicidé » ?

Parce que c'est le récit le plus complet sur ce sujet et il illustre toutes les conséquences du suicide à partir du moment qu'il est perpétré. Il s'agit d'une autobiographie d'une grande richesse d'images et de détails. Ce livre ressemble à l'œuvre de la série « Nosso lar » de l'Esprit André Luis, psychographié par le médium Francisco Cândido Xavier, qui décrit la vie spirituelle et les échanges entre les Esprits incarnés et désincarnés. La seule différence c'est que Camilo se penche très particulièrement sur l'expérience des suicidés.

4) Camilo, dans sa condition de suicidé, ne devrait-il pas être dans l'impossibilité d'exercer ses activités littéraires ?

En principe, oui. Il se trouve qu'il s'est désincarné en 1890 et ses premiers contacts avec le médium ont eu lieu en 1926, donc 36 ans après son décès. Ce temps a été suffisant pour lui permettre de réfléchir au récit de ses expériences dans le Monde Spirituel, en tant que suicidé. En sa faveur, le fait d'être un intellectuel, habitué à l'exercice de la pensée, a sûrement pesé, malgré les séquelles de son geste extrême.

5) Recommandez-vous la lecture de ce livre à ceux qui pensent au suicide ?

Sans aucun doute. Ce livre est un vaccin contre le suicide. Celui qui le lit attentivement et assimile son contenu ne repensera jamais à se suicider car il sera conscient qu'il vaut mieux affronter courageusement ses problèmes sur Terre qu'envisager indûment une fuite vers l'Au-delà.

6) Il y a ceux qui disent que ce livre est un ensemble de récits dramatiques, terribles, qui peuvent faire peur...

Il est important que le candidat à la fugue, ayant lu ce livre et prenant connaissance du martyre des suicidés, ait peur et même très peur. Ce traitement de choc le guérira du « virus du suicide ».

7) Est-ce que le candidat au suicide peut être prêt à la lecture d'un tel livre ?

Peut-être pas au dernier stage du processus qui l'amène à ce geste extrême, quand il est déjà décidé à se tuer. Mais tant qu'il est en train de chercher une sortie à ses problèmes, ayant la mort comme seule option, il pourra être touché par cette lecture de manière bénéfique et il sera sûrement moins disposé à le faire et sera plus motivé par ses amis ou par sa famille.

8) Pourrait-on dire que ce livre est le fruit de l'imagination du médium ?

Dans ce cas, quelques notions préalables sur la vie spirituelle seraient très utiles. Les livres de la Codification Spirite tels que « Le Livre des Esprits », « L'Evangile selon le Spiritisme », « Le Ciel et l'Enfer » où la problématique du suicide est aussi abordée, peuvent aider. Si la personne connaît déjà un peu le sujet de la vie spirituelle, elle n'éprouvera pas trop de difficultés à accepter les informations transmises par Camilo Castelo Branco.

La Prévention

INCITATION LITTERAIRE

1) Est-ce qu'il existe l'opposé du « Mémoires d'un Suicidé », c'est-à-dire, des livres qui incitent au suicide ?

Malheureusement, oui. Prenons comme exemple un chef-d'œuvre de la littérature universelle : « Les souffrances du jeune Werther », de Johan Wolfgang Goethe (1749-1832). Pour beaucoup, ce livre a inauguré le romantisme dans la littérature. Il y a ceux qui pensent qu'il a divisé la littérature allemande entre avant lui et après lui.

2) Un chef-d'œuvre, peut-il faire des dégâts dans la vie d'un lecteur, au point de l'inciter au suicide ?

La bonne littérature ne se fait pas toujours accompagner du bon discernement de ses auteurs. Ici, il s'agit d'un livre profondément pessimiste, qui raconte les amours tourmentés de Werthrer, son personnage central, amoureux d'une jeune mariée, amoureuse elle-même de son mari et qui le voit seulement comme un ami avec plein d'affinités.

3) Et quel est le rapport entre cela et le suicide ?

Après avoir beaucoup souffert, Werther se sentant insatisfait dans ses désirs, se tue. L'histoire finit par considérer que le suicide est une solution héroïque et romantique pour les frustrations amoureuses. Si l'on considère que l'une de grandes causes du suicide trouve son origine dans les relations amoureuses frustrées, de nombreux lecteurs choisissent de prendre ce « bateau troué ».

4) Est-ce que Goethe aurait une responsabilité quelconque dans ces décès ?

Sans aucun doute. Tout écrivain est responsable des idées qu'il transmet, qu'elles soient bonnes ou mauvaises. La littérature est prodigue en livres qui incitent à la violence, à l'adultère, à la promiscuité sexuelle, au vice, à la disharmonie. Certains ont connu la notoriété tels : « Mon combat » d'Adolphe Hitler (1886-1945), « Le livre Rouge » de Mao Tsé Tung (1893-1976), « l'Amant de Lady Chatterley » de Gustave Flaubert (1821-1880)... La liste est grande.

5) Donc, le livre de Goethe ne serait pas recommandable ?

Pour des personnes du style de Werther, non. Et pourtant, il s'agit d'une remarquable étude des angoisses de l'amour non partagé, cultivées par une personnalité romantique, renfermée et timide, incapable d'affronter ses frustrations avec sérénité et ayant des tendances suicidaires.

6) Pourrait-on dire que le livre de Goethe a été inspiré par des Esprits obsédants, intéressés à semer l'idée du suicide ?

Probablement oui, au moins en ce qui concerne la fin du livre. L'écrivain a toujours un accompagnement spirituel qui suit son travail. Les muses dont nous parle la mythologie grecque, évoquées par les artistes, sont le symbole de cette interférence. Quand des Esprits perturbateurs rencontrent des instruments sensibles à leur influence, ils peuvent provoquer de sérieux dégâts sur l'esprit humain.

7) Même s'il s'agit d'un génie de la littérature comme Goethe ?

Etre un génie n'est pas synonyme de grandeur morale. Dans la Revue Spirite de juin 1859, Kardec transcrit une communication de Goethe, qui a eu lieu à la Société Parisienne d'Etudes Spirites où il exprime son regret sur la fin qu'il a donné à son roman. Il a reconnu que son livre a causé de la souffrance et du malheur à beaucoup de personnes.

8) Est-ce que le fait de subir l'influence d'un livre qui suggère le suicide comme solution aux tourments de la passion, enlève à l'individu qui se suicide, sa part de responsabilité ?

Nous pouvons inverser la question. L'existence d'une littérature insufflant le courage de vivre face aux défis du chemin et l'aide des bons Esprits toujours présents, n'augmenteraient-ils pas la responsabilité du suicidé qui n'a pas sélectionné une meilleure lecture ou qui n'a pas écouté les avertissements de ses guides ?

La Prévention

COUT / BENEFICE

1) Un homme qui a beaucoup d'enfants et une situation financière précaire et pleine de dettes, se suicide en simulant un accident pour que sa famille reçoive une importante somme d'argent, provenant de l'assurance. Son acte, est-il justifié aux yeux de Dieu ?

Certainement pas ! Sa faute est encore plus grande car en plus du suicide, il a l'intention malhonnête de voler la compagnie d'assurance pour que sa famille en tire profit.

2) Est-ce qu'il y a des cas similaires dans la littérature médiumnique ?

Dans le livre « Le Ciel et l'Enfer » de Kardec, il y a le cas d'un Esprit qui s'est suicidé pour que son fils échappe au service militaire et ne parte pas à la guerre. Il s'agissait d'un fils unique, futur soutien de sa mère.

Dans sa tête, le père pensait qu'il pouvait sacrifier sa propre vie pour que son fils n'ait pas de problème.

3) Est-ce que cela a marché ?

Evidemment, la famille n'a pas été heureuse de sa mort. Le suicide est toujours traumatisant, et pour celui qui part et pour ceux qui restent. Dans ce cas, il a été établi un rapport coût/bénéfice et le prix à payer a été trop élevé pour une simple dispense du service militaire.

4) Qu'exprimait l'Esprit du suicidé ?

Il regrettait profondément son acte. Il a admis que la confiance en Dieu lui a manqué. C'est la motivation principale chez tous les suicidés. Ils ne reconnaissent pas la présence et la sollicitude de Dieu, notre Père d'amour et de miséricorde infinis, révélé par Jésus, toujours prêt à nous offrir du réconfort et une orientation dès que nous les cherchons par la prière sincère.

5) S'il s'est tué en pensant à son fils et non à lui, contrairement à tous les suicidés, son acte n'est-il pas justifié ?

Nous pouvons raisonner autrement : devait-il intervenir dans le destin de son fils ? Et si ce dernier était voué à une carrière militaire ? Et si son destin était de mourir à la guerre ? Il nous faut faire très attention dés qu'il s'agit d'intervenir dans la vie de quelqu'un d'autre. Nous répondons pour le mal que nous faisons endurer, que ce soit pour le mal immédiat comme pour celui plus lointain, dont notre histoire peut être un exemple.

6) Dans quelle situation se trouve celui qui en essayant de sauver une personne de la noyade finit par mourir aussi. S'agit-il d'un suicide ?

Non parce qu'il n'y a pas eu intention de se tuer. Il a peut-être manqué à la personne une dose de prudence, mais dans les actes héroïques il y a toujours le risque de perdre la vie. C'est pour cela qu'ils sont héroïques.

7) Donc, nous pouvons dire qu'un soldat qui meurt sur un champ de bataille ou qu'un policier assassiné lors d'une confrontation avec des bandit n'agissent pas avec un comportement suicidaire ?

Non, parce qu'ils sont morts dans l'exercice de leur métier, sauf s'ils s'exposent délibérément dans le but de se faire tuer, fuyant leurs responsabilités.

8) Sont-ils habilités à recevoir l'aide d'amis spirituels ?

Tous, même les suicidés la reçoivent. Il se trouve que l'aide des guides spirituels ne dépend pas de la façon dont la personne quitte la Terre mais de celle où elle arrive dans le Monde des Esprits. Les soldats qui dans une guerre sont cruels, tuent des innocents, violent des femmes, maltraitent leurs ennemis, auront beaucoup de difficultés dans l'au-delà, même s'ils défendent une juste cause.

La Prévention

LA PRATIQUE DU BIEN

1) A la question 945 du « Livre des Esprits » répondant à l'interrogation de Kardec sur le suicide pour cause de dégoût de la vie, les Esprits répondirent : « Insensés ! Pourquoi ne travaillent-ils pas ? L'existence ne leur aurait pas été à charge ! ».
Cette réponse n'est-elle pas un peu dure et simpliste ?

L'Esprit n'a pas caché la vérité. En dernière analyse, le suicide est, selon l'expression populaire, un « manque de travail ». Et cela, pas seulement dans le sens professionnel mais aussi dans le sens du manque d'occupation du temps en des activités qui n'offrent pas le loisir à des idées sombres et à des influences de l'ombre, si l'on se souvient du vieux principe qui dit que : « l'Esprit vide est un outil du diable ».

2) Si le problème est de maintenir l'Esprit occupé, toujours au travail, pourquoi des gens très actifs, avec du succès dans leur vie se suicident ?

Il ne suffit pas de maintenir l'Esprit occupé. Il est nécessaire de savoir à quoi il s'occupe. Il y a des chefs d'entreprise travaillant seize heures par jour qui finissent par se suicider : parce que le stress les gagne, parce que leurs affaires vont mal ou parce qu'ils ont fait faillite.

3) Et quel travail spécifique nous éloigne des idées suicidaires ?

Celui que nous appelons « l'exercice du Bien ». Pas seulement celui de secourir les nécessiteux de toutes sortes ou de participer à des œuvres philanthropiques, mais aussi dans l'ambiance au travail, au foyer, dans la rue et au contact avec toute personne. Où que l'on soit, on aura l'occasion de faire quelque chose au bénéfice de quelqu'un.

4) Est-ce que cela fonctionne vraiment ?

Le candidat au suicide est quelqu'un qui veut fuir son enfer intime. La pratique du Bien favorise la transformation de sa « maison mentale » et change son enfer en ciel, sans lui concéder de l'espace à des idées malheureuses.

5) Est-ce que le ciel et l'enfer sont des états de conscience ?

Jésus disait que le Royaume des Cieux est en nous. L'enfer aussi. Il s'installe facilement dans les Esprits qui s'éloignent de l'unique finalité de l'existence : la pratique du Bien.

6) Le fait de dire que la seule finalité de la Vie est la pratique du Bien semble illusoire.

Cela se trouve très clairement exprimé dans la question 860 du « Livre des Esprits ». La loi suprême de Dieu est l'Amour. La pratique du Bien est l'Amour en action. Si nous acceptons que nous sommes sur Terre pour apprendre à aimer, il nous est facile de concevoir la pratique du Bien comme finalité unique de la Vie. C'est de cette façon que nous apprenons à aimer.

7) Et comment expliquer qu'une personne qui a toujours été généreuse, toujours prête à aider tous les membres de sa famille, se suicide ?

Cela peut arriver mais c'est l'exception qui confirme la règle, car il s'agit d'une personne généreuse mais spirituellement fragile. Cette personne porte en elle des conflits intimes qui l'affaiblissent et qui favorisent l'influence des Esprits pouvant l'inciter au suicide.

8) Mais si elle pratique le Bien, n'a t'elle pas le mérite d'avoir la protection de bons Esprits ?

Dans ce cas, ce qui fonctionne c'est le facteur syntonie. Si la personne cultive des pensées négatives, si elle se sent malheureuse, même si elle est généreuse, fatalement elle attirera sur elle, les influences nocives et dangereuses, accordant un accès facile à sa vie intérieure, rendant difficile l'action de bons Esprits.

La Prévention

LE FARDEAU LEGER

1) Quelle est la responsabilité du suicidé confronté à des souffrances supérieures à ses forces ?

Cela n'existe pas. Cela serait du pur sadisme de la part de Dieu d'imposer à Ses enfants un fardeau qui leur est impossible de porter. Le poids de nos épreuves est, invariablement, compatible avec nos forces.

2) Le fait que le suicidé considère son fardeau supérieur à ses forces peut-il être considéré comme un facteur atténuant ?

Peut-être en ce qui concerne ses responsabilités. Néanmoins, il n'est pas exempté du dysfonctionnement du périsprit provoqué par lui-même, ni des tourments dans le Monde Spirituel, ni du regret de sa conscience qui lui dira qu'un minimum de confiance en Dieu, lui a manqué.

3) Est-ce que ça n'est pas trop demander aux guides spirituels qui orientent la réincarnation de leurs protégés, d'essayer de « doser » leurs souffrances en établissant des limites à leurs épreuves, comme quelqu'un qui prépare une équation mathématique, afin que leur résistance ne soit pas brisée ?

Nous ne pouvons pas programmer les épreuves humaines comme dans une simple équation mathématique, établissant un rapport parfait entre elles et la résistance de l'Esprit. Ce que l'expérience démontre c'est que les épreuves sont bien distantes de ces limites. Nous pouvons dire qu'il y a un écart considérable entre ce que l'Esprit souffre et ce qu'il est en mesure de supporter.

4) Pouvez-vous nous fournir un exemple ?

Il y a l'histoire d'un esprit hautement compromis dans l'erreur et le vice. Pour se réincarner, il a demandé à ses guides les pires souffrances à endurer sur Terre, avide de racheter ses dettes. Les guides en ont fait différemment. Ils savaient qu'il n'aurait pas la moindre chance de supporter des épreuves pareilles et ils lui ont programmé quelque chose de beaucoup plus simple. Il reviendrait médium dévoué au travail de l'aide aux Esprits incarnés et désincarnés. Et, en tant qu'instrument de Bons Esprits, il a conquis sa propre rédemption.

5) A t-il failli à ses responsabilités, avec cette programmation d'incarnation ?

Le progrès de la justice humaine, a permis la création des peines alternatives, et certains criminels, au lieu d'aller en prison, reçoivent une sentence différente. Il sont « condamnés » à rendre service à la communauté, dans des institutions philanthropiques, apprenant la valeur de l'aide donnée au prochain. La justice humaine est une infime copie de la justice Divine, qui fonctionne de cette manière.

6) Y a-t-il des peines alternatives pour le rachat de nos dettes karmiques ?

Jésus, au Sermon de la Montagne, proclame (Mathieu, 5:7) « Heureux ceux qui ont pitié des autres car Dieu aura pitié d'eux ». Et il redit les mots du prophète Osés (Mathieu, 9:13) : « Je désire la bonté et non des sacrifices d'animaux ». Dieu nous permet, par Sa bonté, de remplacer la monnaie de la souffrance par la monnaie de la miséricorde, dont l'intérêt est de secourir nos frères dans le rachat de leur débit karmique.

> *7) Est-ce que cela signifie que nous n'avons pas besoin de vivre malheureux pour les réajustements nécessaires à notre évolution ?*

Comme tout père, Dieu veut voir Ses enfants heureux. Nous avons l'habitude de confondre la souffrance avec le malheur. La souffrance est une imposition de la vie. Le Bonheur est une construction personnelle, dans l'intimité de sa conscience. Celui qui comprend cela, ne pense jamais au suicide quand il est confronté aux défis de la vie. En bonne logique, les douleurs du Monde devraient nous rendre heureux comme heureux devient l'endetté qui s'acquitte de ses dettes.

> *8) La vision spirite sur ce sujet est merveilleuse, car elle nous offre les meilleures perspectives de vivre une existence heureuse et productive malgré le fait de séjourner sur une planète d'épreuves et d'expiations. Mais il y a un problème : comment diffuser cette connaissance à ceux qui en ont besoin ?*

C'est notre devoir à tous, nous qui connaissons la Doctrine Spirite, qui avons bénéficié de ses lumières, qui avons eu notre existence valorisée par cette vision objective des réalités spirituelles. Nous sommes appelés à participer à la divulgation de l'enseignement spirite, en collaborant avec des journaux spirites, en s'intégrant à des groupes ou à des Centres Spirites et, comme disait le poète Castro Alves, en distribuant des livres partout, en invitant le peuple à réfléchir sur l'immortalité comme seul le Spiritisme est capable de le faire. Nous aurons alors, un nombre de plus en plus petit de personnes voulant quitter la vie par la fausse porte du suicide, et ainsi nous pourrons élargir le contingent des personnes capables d'affronter avec sérénité et joie, les défis de l'existence.

La Prévention

LA FAMILLE SPIRITUELLE

1) Si l'on considère que le suicide est une sorte de déviation du chemin qui conduit l'Esprit à la perfection, combien de temps lui faudra-t-il pour revenir sur la bonne route ?

Il faut connaître le degré de ses tendances au suicide, ce qui dépend de plusieurs facteurs, dont le principal est l'évolution de l'Esprit. Plus il est éclairé, plus graves seront les conséquences.

2) S'il faut qu'il revienne sur ses pas, pouvons-nous affirmer que devant l'aspect évolutif de sa situation, il se maintient stationnaire dans son attitude pendant toute cette période ?

Pas nécessairement. Les conséquences mêmes du suicide constituent des expériences qui l'aident à mûrir, à respecter la vie et à se soumettre à la volonté divine.

Nous sommes tous l'objet des mécanismes de la loi de cause à effet, qui nous amènent à apprendre à partir de nos propres erreurs, malgré le fait que nous devons avouer que le meilleur est de ne pas les commettre.

> *3) La Doctrine Spirite nous enseigne que dans notre chemin évolutif, nous marchons par groupes familiaux, devenant des familles spirituelles qui se soutiennent et se stimulent mutuellement.*
> *Quel est le destin du suicidé, par rapport à son groupe familial ?*

C'est un motif de grande préoccupation pour ceux qui l'aiment depuis un passé lointain. Au nom de l'amour, la famille se dispose certainement à travailler à sa récupération, l'aidant à surmonter les conséquences du geste malheureux.

> *4) Si la composition d'une famille spirituelle obéit au facteur de la syntonie, le suicidé est-il automatiquement exclu de celle-ci ?*

Exclu, non mais éloigné. Cependant, les êtres qui lui sont chers continuent à veiller sur lui, assumant la position de guides spirituels, cherchant à l'aider à s'élever et à surmonter les barrières vibratoires.

5) Accompagnent-ils le suicidé de loin ?

Oui, dans le Monde Spirituel. Mais ils peuvent aussi se mettre à ses côtés, en se réincarnant comme des proches familiers le soutenant dans le chemin difficile de sa rédemption.

6) Si nous admettons que la famille spirituelle continue son chemin évolutif à la recherche de nouvelles expériences, le suicidé est-il toujours à la traîne ?

La distance qui s'établit entre le suicidé et sa famille peut être surmontée. S'il accélère le pas et se dispose à grandir spirituellement, il finira par rattraper ses compagnons. Tout dépend de lui.

7) En analysant la problématique du suicide, nous constatons que les conséquences générales sont beaucoup plus sérieuses que celles subites par le corps spirituel.

Sans doute. Si le candidat au suicide avait une pâle idée des problèmes qu'il déclenche pour lui-même, il accepterait d'affronter avec courage les défis existentiels sans à aucun moment penser à se tuer.

8) Quel est le grand recours pour vaincre la tentation de suicide ?

Job a Dit (1:21) : « Le Seigneur a donné, le Seigneur a repris, Bénit soit le nom du Seigneur ! » Dépouillé de tout ce qu'il avait, malade et pauvre, Job a conservé le courage de vivre et s'est soumis à la volonté de Dieu. Celui qui a la certitude que Dieu est notre Père d'amour et de miséricorde infinis ne pensera jamais au suicide.

La Prévention

LA STATISTIQUE

1) Que disent les statistiques sur le suicide ?

Elles disent que nous devons nous inquiéter de ce sujet. Il est nécessaire d'éviter « les quatre pas », car ils nous conduisent à cette tragédie, compliquent notre destin et génèrent des souffrances qui vont se prolonger pendant des siècles. Dans la question 946 du « Livre des Esprits », nous lisons : « Pauvres Esprits, qui n'ont pas le courage de supporter les misères de l'existence ! Dieu aide ceux qui souffrent, et non pas ceux qui n'ont ni force et courage. Les tribulations de la vie sont des épreuves ou des expiations ; heureux ceux qui les supportent sans murmurer, car ils en seront récompensés ! »

2) Quel est le premier pas pour le suicide ?

Nourrir l'idée que face aux problèmes de l'existence,

il vaut mieux mourir. Il s'agit d'une pensée fréquente et insidieuse et rares sont ceux qui réchappent. Elle ouvre les portes de l'âme aux influences de mauvais Esprits, toujours intéressés à exploiter nos sentiments négatifs, comme nous avons déjà eu l'occasion d'en parler.

3) Et quel est le deuxième pas ?

Imaginer un « coup de pouce » du destin. Comme Dieu ne l'a pas encore fait, on pourrait bien en prendre l'initiative. Cela commence par une légère impression qui, petit à petit, prend corps dans le for intérieur de la personne. Puis, se développe une sourde révolte contre les situations de souffrance qui lui paraissent ingrates et injustes et elle perd le courage de les affronter. A partir de là, grandit le désir de fuir.

4) Et quel est le troisième pas ?

L'individu s'avoue à lui-même qu'il veut mourir et commence à réfléchir de quelle façon il quittera la scène, laissant, dans sa conception, cette « vallée de larmes ». Il y a ceux qui étudient attentivement le sujet, cherchant quelque chose de rapide et indolore et de préférence donnant l'impression d'une mort naturelle ou accidentelle.

5) Et quel est le quatrième pas ?

C'est le dernier. C'est l'action, la mise en route de l'idée, sans que le malheureux ait conscience du trou noir qu'il ouvre sous ses pieds, et duquel il mettra des siècles à sortir.

6) Quel pourcentage connaissez-vous de chacun de ces pas ?

J'ai déjà fait quelques recherches auprès des participants de nos cours sur le Spiritisme. En moyenne, les résultats sont les suivants :

- Personnes ayant déjà pensé qu'il serait mieux de mourir : 50%
- Personnes ayant déjà réfléchi à la façon de mourir : 22%
- Personnes ayant déjà arrivé à programmé leur mort : 22%
- Personnes qui l'ont déjà tenté : 6%

Ce sont des chiffres préoccupants, surtout que dans cette statistique ne sont pas inclus ceux qui sont allés jusqu'au bout de leur intention. Le pourcentage est alors encore beaucoup plus alarmant et encore pire si l'on prend en considération ceux qui simulent une mort naturelle ou par accident.

7) Et ceux qui se suicident dans un moment de désespoir, vivent-ils ces « quatre pas » ?

Même dans une situation très critique, un individu attentera difficilement à sa vie s'il n'est pas au moins passé par le premier pas, c'est-à-dire, par l'idée que la vie humaine est un fardeau très lourd et « qu'il serait très bien que Dieu le reprenne ! ». Cette expression fait partie des pensées de nombreuses personnes qui ne sont pas conscientes de ce qu'elles sont en train de faire sur Terre.

8) Comment éviter ces pas ?

Il faut surtout éviter le premier. Ne jamais, dans aucune situation, imaginer qu'il serait mieux de mourir. Quand quelqu'un trébuche et perd son équilibre, il a une impulsion vers l'avant lui faisant donner des pas rapides et désordonnés, presque à quatre pattes et la chute est inévitable. Le premier pas du chemin du suicide, peut générer cette « impulsion » avec de funestes conséquences.

La Prévention

DES DOUTES

1) J'ai reçu la communication d'un ami qui s'est suicidé me racontant en détail ce qui lui est arrivé. En pensant à se tuer, il a posé un couteau sur son abdomen, mais il n'a pas eu le courage d'assouvir son désir. Cependant, il a ressenti que les Esprits qui l'obsédaient ont appuyé sur sa main l'obligeant à l'enfoncer dans son ventre. Pendant son agonie, il entendait leurs éclats de rire. Une action comme celle-ci de la part des ennemis spirituels, est-elle possible ?

Si les Esprits qui nous obsèdent avaient ce pouvoir, nous serions tous à leur merci. Ils incitent, ils suggèrent, ils essayent de convaincre l'obsédé de commettre le suicide. Ils ne disposent pas du pouvoir de le forcer ou de l'obliger à pratiquer le suicide, raison pour laquelle le suicidé ne sera jamais exempté de la responsabilité de son geste de fuite. Il répondra pour lui.

2) Mon mari a toujours dit qu'il se tuerait s'il devait affronter de graves problèmes, et il l'a fait quand il a perdu son travail. Pensez-vous que dans une vie antérieure, il s'était aussi suicidé ?

Non, pas nécessairement. Il a été victime de sa propre faiblesse et il est l'exemple de comment nous pouvons compliquer notre destin quand nous cultivons de telles idées malheureuses. Elles prennent corps petit à petit et nous incitent à des gestes que fatalement nous allons beaucoup regretter.

3) Mon épouse avait tout pour vivre heureuse et semblait heureuse. Elle était belle, gentille, attentionnée et jouissait d'une bonne santé... Quel motif a pu l'amener au suicide ?

Une apparence heureuse peut cacher un cœur tourmenté. Elle devait être une artiste de talent car elle a su simuler une stabilité qu'elle ne possédait pas. Nous ne connaissons pas les conflits vécus par quelqu'un qui, en principe a tout pour être heureux. Des situations mal résolues, des angoisses et des perturbations issues des déviations du passé, cachées par un comportement apparemment équilibré, peuvent amener à ce geste extrême.

4) L'un des effets secondaires de la ciclosporine,

> *cette substance immunosuppresseur utilisée dans les transplantations d'organes, est la dépression. J'ai quelqu'un de ma famille qui s'est suicidé après avoir subit une transplantation du rein. Qui est le responsable : lui ou la ciclosporine ?*

La ciclosporine peut être un facteur important, jamais déterminant. C'est dans les situations dramatiques, telle la dépression, que le patient révèle sa fermeté ou sa faiblesse.

> *5) Une personne de ma famille a reçu un organe de quelqu'un qui s'est suicidé. Pendant un certain temps, il s'est senti mal et a même nourri quelques idées suicidaires. Peut-il être imprégné par les vibrations du donneur qui l'influencent?*

Dans le principe, peut-être, mais d'une influence qui est rapidement surmontée, au fur et à mesure que cette imprégnation se dissout, car l'organe n'est plus sous l'influence de son donneur.

> *6) Je suis allé habiter dans une maison où un homme s'est tué. Je me sentais très mal et par moment, il venait dans ma tête une idée à laquelle je n'avais jamais pensé avant : celle du suicide. La maison est-elle imprégnée de ce sentiment ?*

Peut-être, mais comme pour la transplantation, il s'agit d'une imprégnation passagère, passive pouvant être défaite, par l'attitude sereine de ses nouveaux habitants et par la pratique de la prière.

> *7) J'ai été confronté à de sérieux problèmes quand j'ai déménagé dans une maison où un homme s'est tué. Mon épouse et nos filles ne dormaient pas de la nuit. Elles avaient peur et se sentaient perturbées. Est-ce qu'il s'agissait de la présence du suicidé ?*

Cela serait hautement improbable car les suicidés sont éloignés des échanges avec les incarnés. Selon les informations que nous avons reçues de l'Esprit Camilo Castelo Branco, ils se trouvent dans des régions de dépuration spirituelle telle la Vallée des suicidés.
Le problème de ces personnes est plus en rapport avec des conditionnements négatifs. Si la personne estime que le fait d'habiter une maison où quelqu'un s'est tué va lui procurer des problèmes, fatalement elle les aura, fruit de sa propre imagination.

> *8) Je ne me sens pas épanouie ni dans ma vie ni dans mon mariage. Je me sens triste et dans un trou noir. J'ai mal partout comme si l'on m'avait battue. Je ne pense qu'au suicide mais je n'ai pas le courage de me tuer. Je pense que dans l'au-*

delà, la vie est bien meilleure et que j'y rencontrerais le bonheur, la paix et l'homme de ma vie, car j'ai toujours la sensation qu'il n'est pas ici. Je demande à Dieu, tous les jours la mort. Pourquoi ?

S'imaginer que la mort nous réserve la concrétisation de nos rêves de bonheur, c'est une dangereuse équivoque. Seul celui qui meurt en paix avec la vie, malgré ses souffrances, sera heureux dans l'au-delà. Mais pour que cela arrive, il est fondamental de vivre en acceptant les desseins de Dieu, en cultivant le Bien et en profitant intégralement de toutes les occasions d'élévation que nous offre l'existence sur Terre, qui sont des réalisations très loin du suicide.

Achevé d'imprimer par
SARL ACBE – COPY MEDIA
CS 20023
33693 – MERIGNAC CEDEX

www.copy-media.net

Dépôt légal janvier 2010

www.ingramcontent.com/pod-product-compliance
Lightning Source LLC
Chambersburg PA
CBHW061651040426
42446CB00010B/1686